深圳市人文社会科学重点研究基地成果

导引治未病丛书

八段锦养生智慧

牛爱军 著

人民体育出版社

图书在版编目（CIP）数据

八段锦养生智慧 / 牛爱军著. -- 北京：人民体育出版社, 2018（2024.7重印）
（导引治未病丛书）
ISBN 978-7-5009-5330-2

Ⅰ.①八… Ⅱ.①牛… Ⅲ.①八段锦—基本知识 Ⅳ.①G852.9

中国国家版本馆CIP数据核字(2023)第119849号

*

人民体育出版社出版发行
北京新华印刷有限公司印刷
新　华　书　店　经　销

*

880×1230　32开本　4.75印张　88千字
2018年5月第1版　2024年7月第8次印刷
印数：22,001—25,000册

*

ISBN 978-7-5009-5330-2
定价：28.00元

社址：北京市东城区体育馆路8号（天坛公园东门）
电话：67151482（发行部）　邮编：100061
传真：67151483　邮购：67118491
网址：www.psphpress.com
（购买本社图书，如遇有缺损页可与邮购部联系）

序

世上之事，有一定之理，无一定之法，正所谓：归元无二路，方便有多门。诚如斯言，遍观名之曰“八段锦”者，不知凡几，虽招式各异，但动作名称相同，其中必有一理通焉。本书的主旨，就在于论述这一“理”。

作者牛爱军是我的研究生，攻读硕士和博士期间皆在我门下。长期以来，爱军素喜钻研中国传统文化，其博士学位论文就是研究中国传统武术的传承方式及制度，立足于非物质文化遗产保护的视野，在当时颇有新意，获得教育部人文社科研究项目基金资助，在国内核心期刊上发表了多篇相关论文。因此他的博士学位论文，先后被评为“上海市优秀研究生论文（博士层次）”和“2010年全国优秀博士学位论文（提名奖）”，特别是后者的获得，实属不易，至今仍是民族传统体育学专业博士学位论文中唯一的最高学术殊荣。

爱军2003年9月进入上海体育学院学习，用了大量的时间和精力钻研中国传统养生文化，手不释卷、勤奋刻苦、技理兼修、知行并重，先后协助我编辑、出版了《中国传统体育养生学》《传统养生功法精选》《传统体育养生教程》等书籍。我主持编创“健身气功·五禽戏”时，爱军参与了功法锻炼效果的实验研究，功法在全国推广后，爱军协助我到全国各地进行了大量的教学活动，耳濡目染之下，相关的理论知识和功法技术得以进一步提升。博士毕业后，他又进入复旦大学历史学博士后流动站继续深造，跨学科进行中国史学研究，打下了厚实的学术基础。2014年爱军入选国家体育总局“健身气功精英计划培养对象”，就是对他近些年来工作的充分肯定。

爱军求学期间，我们师生经常组织学术沙龙，如何弘扬中国传统养生功法是个讨论热点，大家畅所欲言，各抒己见。我虽然是老师，但在与学生们的讨论中也收获颇多，可谓教学相长。当时我就有一个心愿，希望能够梳理中国优秀的传统养生功法，将古代的文字记载进行活化，编成功法，图文并茂，汇编成册，以飨读者。虽然也进行过一番研究，但终因行政工作繁忙，又先后承担了国家自然科学基金项目、教育部博士点基金项目、上海市科委重大项目等，这项工作也就搁置下来了。但是爱军却把这件事记在心中，虽然博士毕业已近十年，也有繁重的家庭负担，却一直在默默地积累资料，请教各位专家，反复琢磨，十年磨一剑，终于要放出光芒了。

爱军的《八段锦养生智慧》，书中对八段锦的文化渊源进行了一番较为深入的探讨，目的是找出蕴含在动作当中的“道理”和隐藏在“道理”后面的“智慧”。古人曰：言之无文行而不远。《内经》也载：“知其要者，一言而终。不知其要者，流散无穷。”八段锦之“要”就是它的“道理”和“智慧”，明白了道理，才能言之成理、以理服人，动作才能到位；不明白道理，就只能停留在比划动作的层面。《易经》上说“形而上者谓之道，形而下者谓之器”。“道”是什么？“道”就是“所以然”，要知其所以然，就要去体察和运用古人的智慧，以为现代人服务。

党的十九大报告提出要全面建成小康社会，要实施健康中国战略，深入开展全民健身运动。要让人民群众不生病、少生病、老有所依、老有所养，体育人应接地气，弘扬传统养生文化，用自己的知识和技术为人民大众服务，期望爱军的这本书能够为此添砖加瓦。

应爱军之邀，仓促成文，是为序。

中国武术九段
中国健身气功九段

2017年12月于沪上

前 言

说起八段锦，很多人耳熟能详，特别是近代以来，很多名人如文学家杨绛、民国元老于右任、革命家谢觉哉和徐特立等都长年坚持练习八段锦，身心康健，得享高龄，传为佳话。

根据我在国内各省市的调研和考察得知，八段锦已经成为最为大众所熟知的传统体育锻炼项目，虽然未必是人人会练，但“八段锦”的名称早已为大众所津津乐道，其传播范围之广足以说明八段锦深入人心，已成为中国传统养生体育的一个标志性符号。

随着中国文化在全球影响力的日益提升，八段锦早已走出国门，走向世界，成为中国文化的一张名片。2009 年秋天，我受国家体育总局委派到巴黎教授健身气功，街头漫步时，竟然看到一位西方男子独自在塞纳河边练习八段锦，一招一式，动作规范，韵味十足，一看就不是一日之功。实际上，这些年来在我国政府的主导推广下，八段锦已经成功地传播到世界各地。

八段锦共分为八个动作，相对太极拳等来说比较简单，而且动作大方中正、锻炼全面，对练习场地、时间等没有严格的要求，无论是工间休息时在办公室，还是早晚散步到街头花园、广场，都可以一展身手。八段锦的动作名称为七字一句，简洁隽永，内涵丰富，具有浓郁的传统文化特色，富含中医养生的智慧，易于被国人接受和喜爱，这也是八段锦能够流传千年的一个重要原因。

根据史料记载，“八段锦”这个名称的出现距今已有一两千年的历史，这一两千年来八段锦在每个朝代都有流传，就像小溪流水不绝于缕、汇流成江，汇集到今日，在现代社会得到广泛传播，蔚为大观。不过从历史的纵向角度来看，八段锦的传承时间虽长但范围其实很小，一直局限在“文人修士”当中流传，也就是说，其实八段锦是中国古代文化人特别青睐的一种锻炼方式。

的确，在中国历史发展过程中，普通老百姓的识字率一直很低，并且还有繁重的生活压力，文化素养的缺陷限制了八段锦的传播范围，使八段锦主要在文人当中流传。随着现代中国人文化水平的整体提升，在当今社会八段锦才得到了广泛传播，但可惜的是，很多人练习八段锦是只知其名不知其义，把八段锦当作了“热身活动”“传统广播体操”或者“关节操”来练习，让人不禁有买椟还珠之感叹！

八段锦是“术”，是“导引术”，这个“导”字在古代写作“導”，八段锦是“求道之术”。中国文化的一个传统是术以载道、以术求道，这个“道”就是八段锦的一招一式、字里行间所蕴含的中国传统文化，体现了中国人对宇宙天地、身心生命、精神情志等的认识和关切。这种关切历久而弥新，在中国传统文化热潮涌动的时刻，助力八段锦再次成为国人瞩目的一个热点。

知行合一才能行得久、行得正，言之无文终将行而不远。理论指导实践，不明白八段锦的理论，就只能停留在“比划”八段锦动作的层面，就只能把八段锦当作广播体操来练习，而忽略了八段锦所昭示的身心之同构、生命之美妙、天人之和谐……

希望本书能够打开您重新认识八段锦的一扇窗户；并将此书献给我的导师虞定海教授，感谢人生路上遇到明师，感谢老师的无私教诲和言传身教，我的学术生涯中所取得的点滴成就，都离不开导师的关心指导。

美文共赏。

疑义相析。

目 录

一、两手托天理三焦

『两手托天』是一项伸展躯干、活动筋骨、放松脊柱的锻炼动作，两手的一起一落、一紧一松，可将体内淤积停滞的血液赶回心脏，增大血液循环量，改善血液循环。此外，两手托天还能疏通颈部血管，让其顺畅地把血液输送到大脑，使大脑得到充足的营养，从而缓解疲劳，振奋精神。

1. 怎么做这个动作

首先，两脚分开，两脚平行站立，两脚的内侧与肩同宽，身体的重心落在前脚掌，五个脚趾微微用力抓地，臀部慢慢下坐，两膝自然弯曲，好像坐在一张高凳子上。两手落在腹前，十指相对，手心向上，手上面好像托着一个大气球，两肩下沉，两臂自然弯曲，两腋下放松，好像夹着一个乒乓球。头正，颈直，目光内敛，两眼平视前方，然后再慢慢收回目光注视鼻尖。（图 1–1、图 1–2）

图 1–1

图 1–2

两脚的内侧与肩同宽时，脚心的涌泉穴正好对着两肩的肩井穴；身体重心落在前脚掌，目光内含，整个身体放松下来以后，随着呼吸，身体好像一支升出水面的莲花，飘飘欲摆，有神清气爽、飘然出世的感觉。这叫作：涌泉对肩井，水上立莲花。

然后，两手十指交叉，屈肘慢慢上提；在两臂上举的时候，要配合吸气；到与肩同高时，在肩前翻转，转手心向里、向下、向外，再向上，继续往上举。这时候，眼睛要跟着手走，目视手背。如果气够长，就一直吸气；如果不够也没关系，就慢慢呼气，和上举的动作配合起来就行。（图 1–3、图 1–4）

图 1–3

图 1–4

两臂伸直的时候，手掌放在额头斜上方，抬起头看着手背。（图 1–5、图 1–6）

图 1–5

图 1–6

接着，手臂继续往后拉，拉到与身体处在一个平面上；同时下颌内收，头部摆正，手臂和头往相反方向运动，同时脚后跟慢慢提起来。这时候的呼吸要特别注意，要保持不吸气也不呼气的“屏气”状态。（图 1–7、图 1–8）

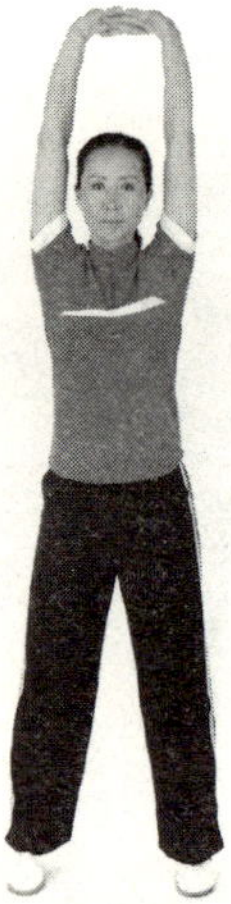
图 1–7

图 1–8

最后，两手慢慢松开，缓缓从身体两侧落下，一直落到腹前，十指相对，托在腹前，手心向上；同时脚后跟下落，身体慢慢下坐，双膝缓缓弯曲；动作配合呼气。（图 1–9、图 1–10）

图 1–9

图 1–10

这个动作不光可以站着练习，还可以采用“坐式”。上肢和躯干的要求同站式，唯下肢动作有区别。两臂上托目视手背时，伸直双腿、绷直脚尖；两臂后拉目光平视时，双腿伸直、勾起脚尖；两臂下落时，屈膝，双脚落地。（图 1–11~ 图 1–19）

图 1–11

图 1–12

图 1–13

图 1–14

图 1–15

图 1–16

图 1–17

图 1–18

图 1–19

扫码观看“两手托天理三焦”
动作视频

2.“两手托天”就是伸懒腰，可以“通三焦”

早上刚起床时，经过了一晚上的休息，人们精神抖擞、活力四射。可是工作了一天以后，却变得无精打采、疲乏劳累，就想好好躺着休息一下。北方有句俗话说：好吃不如饺子，舒服不如躺着。躺着舒服，那是因为躺着可以让五脏六腑得到充分的放松。

从“卧”到“立”，从躺下到站起来，改变的不仅是体位，还改变了内脏的状态。内脏也从“平躺”变成了“悬挂”，五脏六腑变成了悬挂在脊柱上面。

工作时间太长，没有及时躺下来休息，五脏六腑就一直悬吊在那里，并在重力的作用下慢慢下坠，不知不觉中人就觉得腰挺不直了、背也驼了、精神倦怠，中医把这种现象叫作“中气不足”，“中气”即是脾气。脾气主升，脾气不足、脾虚下陷会导致胃下垂、子宫下垂、脱肛等病症。

脾胃是人的后天之本，是人体把饮食转化成能量的发动机，这能量来自于脾气的“升清”。中气不足，换言之，就是人体的能量不够了，现代社会叫“能量”，古代社会把能量叫作“炁”，我们现在把“炁”简写成“气”，实际上“炁”“氣”“气”分别具有不同的含义，不能混为一谈。能量不足，就是炁不足了，“炁虚”了。所以在工作了一天之后，人们通常都会有疲倦的时候。

没有人教，大家也都会在疲倦的时候“伸个懒腰”。不教而会，说明“伸懒腰”就是人类的一种本能，一个对抗疲劳的“自我保护”动作。

伸懒腰的妙处在于“提升中气”，通过三焦把气提起来，也叫作“通三焦”。三焦主气，主管着全身的气化，三焦通道不畅会出现“气虚”现象，中医所说的“气虚”就是我们现在常讲的“亚健康”，通常表现出乏力、倦怠、“累得连话都不想讲”等情况，出现这种情况就说明能量不够了，能量上升的通道：三焦不畅通了，作为人的一种自保功能，自然而然地就需要伸伸懒腰，扩胸、展腰、举臂、绷腿，尽量伸直两臂上举，使胸腔和腹腔充分拉伸打开，让三焦保持一个舒展、通畅的状态。（图 1–20）

图 1–20

3. 三焦在哪里？有什么用

我们常说：人有五脏六腑。五脏和六腑一一对应，可一个是“五”脏，一个是“六”腑，怎么能对应起来呢？这就像“四季”对应“五行”，把“春夏秋冬”中的“夏”分出一个“长夏”，四季就变成了五季，正好与五行相对。

五脏是“肝心脾肺肾”，“心”分出一个“心包”，就变成了“六脏”，正好与六腑相对。“肝胆相照”说明“肝”和“胆”相对；中医院的“脾胃科”说明“脾”和“胃”相表里；“心包”对应着“三焦”。

六腑的特性是“泻而不藏”，这六腑分别是大肠、小肠、胃、胆、膀胱、三焦，仔细一看，它们有个共同的特点——中空。

“泻而不藏”的意思就是说，六腑不要塞得太满了，要让它们保持一个中空的状态，这样人体才是健康的。

这“三焦”就是六腑之一。自古以来，历代的医学家对三焦的描述都不一致，但是，大家都承认三焦确实存在。三焦到底在哪里呢？

《难经》上说：“三焦者，水谷之道路，气之所终始也。三焦者，原气之别使也，主通行三气，经历五脏六腑。”明确地说明三焦是人体元气（原气）升降出入的道路，人体元气是通过三焦而到达五脏六腑和全身各处的。

元气，为人体最根本的气，是生命活动的原动力。元气根于肾，通过三焦别入十二经脉而达于五脏六腑，故称三焦为元气之别使。

《黄帝内经》上说：上焦如雾，中焦如沤，下焦如渎。“如雾”是说像雾露弥漫，指的是心肺的弥散功能；“如沤”是指脾胃消化食物，像发酵一样；“渎”是下水道，“如渎”指的是肝肾排毒，把毒物排出体外。

所以，三焦首先要有能力保持一个空的通气的状态，还要符合上焦、中焦、下焦的各自不同功能，从这个角度来看我们的身体，你就会发现，只有“躯干”符合这个条件。

躯干，也叫作胴体，或者躯体。它就像一个大房子，里面的东西不能塞得太多，不然脏腑在里面转身的地方都没有了，正常情况下，应该让它保持一个空旷的状态。

三焦，其实就是我们的躯干。脏腑都住在躯干里面，并且呈一个悬挂的状态。当人操劳一天的时候，脏腑挂的时间太长了，它们也累，就会往下坠，这时候，人本能地就会举起双臂，挺起腰杆，伸伸懒腰，把脏腑往上提一提，不要让它们掉下去。

4. 养成"沉肩"的好习惯

"两手托天"就是"伸懒腰"，两臂要尽量伸直，两腿绷紧，脚尖绷直，脚后跟提起，把身体充分地拉伸开。（图 1–21）

图 1–21

为了增强手臂上举的力度，两手十指要交叉，两手掌翻转上举，掌根要用力上顶，同时缓缓提起脚后跟，用掌根的力把全身都往上提。

掌根向上用力的同时还要注意沉肩，使双肩有意识地往下沉，形成掌根向上、双肩向下的"对抗""对拉"（图 1–22）。和沉肩相对应的是耸肩（图 1–23、图 1–24），耸肩容易造成肩部肌肉的劳损，进而造成肩颈供血不畅，容易产生颈椎病，在日常生活中尤其要注意这一点。

图 1-22

图 1-23

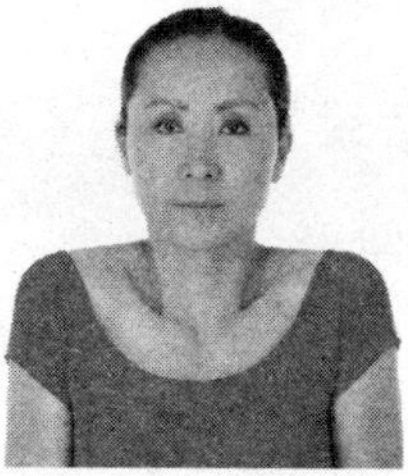

图 1-24

太极拳、八卦掌、形意拳等内家拳术都以沉肩为重要法则之一。沉肩首先就要放松两肩关节，不使其耸起；接着用意识强化舒展肩部肌肉和韧带，使两肩向下沉坠，同时微微向前合抱（即微前扣）。

在练习中要注意一个原则，叫作“举手必沉肩”，意思是只要一举手、一抬臂，肩就一定要往下沉，久而久之养成习惯，脊柱挺直，身形自然挺拔。

在平常练习时，在手臂上举的时候，要注意观察锁骨是否也抬起来了，如果锁骨抬起来了，就要有意识地头部向上伸展、锁骨向下按压，这样就可以达到沉肩。

沉肩可以放松肩颈肌肉，防治肩颈肌肉的劳损。沉肩的时候，自然而然地就会头顶向上，使脊柱得到上下的对拉，有利于脊柱保健，防止脊柱的侧弯等，让人的身形更挺拔、健美。沉肩还可以使膈肌放松，让人的呼吸更深、更顺畅，增加人体和外界气体的交换能力。

不光是在运动当中要养成“举手必沉肩”的习惯，在日常生活当中也要注意这一点，端一杯水、拿一本书，只要把手抬起来，就要把肩膀和肘关节沉下去，缓解肩部肌肉的紧张，让你永远保持一个好的身体形态！

有一次，某银行请我去教员工们练习八段锦，根据事先了解，员工们很多都有肩肌劳损、颈椎病等症状，在教课的过程中，我着重强调要时刻注意“坠肘沉肩”，在练习的时候，始终要感觉肘部有下坠感，带动着肩部也下沉，要有一种“提起筋骨、落下皮肉”的感觉，提起的是骨头、下落的是皮肉，脊柱向上伸展、双肩往下沉。

一个小时的课程练习结束，员工们普遍反映，虽然双肩有酸胀感，但是感觉以前双肩的那种紧绷感得到了很大缓解，整个人轻松了很多，颈椎也不像以前那么僵硬了。

在课程结束的时候，我要求他们在日常生活和工作中也要做到“坠肘沉肩”，特别是一线的点钞员们，在点钞的时候，不要使用抬起肘部、耸起肩部的动作（图 1–25、图 1–26），而是尽量将手和肘放在桌子上，借助桌子减轻肩膀的负担。

图 1–25

图 1–26

又过了一个星期，我再来的时候，有位员工兴奋地对我说，长期困扰她的肩肌劳损和颈椎病奇迹般地消退了。原来，这位员工不光是在工作中注意“沉肩”，在日常生活中也严格要求自己，时时观察自己。这才发现，以前端杯水、拿起一本书，都会习惯性地抬肘耸肩，现在把“手一上举、肩必下沉”的要求贯穿在生活中，再加上早晚各练习半个小时至一个小时的八段锦，短短一个星期，竟然大有进步。以前的肩膀按起来硬邦邦，像按在木头上一样，现在肌肉柔软而有弹性，气血充足，脑的血流量也增加了很多，整个人看起来神采奕奕。

5. 通过深呼吸锻炼脏腑

在练习两天托天这个动作的时候（不只是这个动作，后面所有的动作都是），要采用“深呼吸”的呼吸方式。

深呼吸，就是我们用力时的呼吸，吸气的时候收肚子，把肚脐往后背贴，呼气的时候再放松还原。

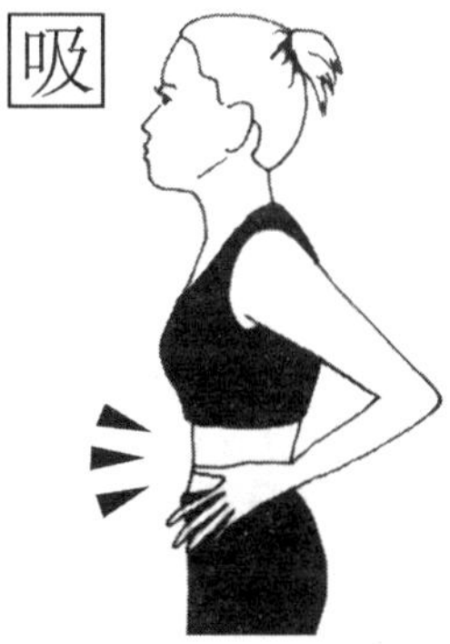

吸气

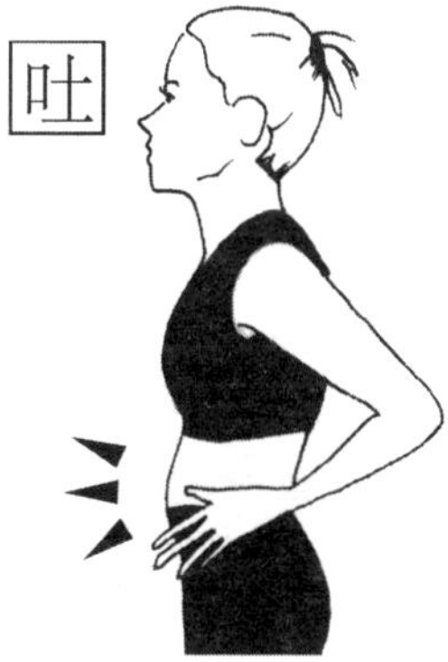

呼气

同时，深呼吸的时候要用鼻子，不要用嘴。按照中国传统的锻炼习惯，唇舌要轻闭，舌尖要轻轻抵在上颚。鼻子吸气、呼气，尽量让吸入和呼出的气息均匀、深长。

深呼吸本身就是一种很好的人体锻炼方式，这是因为如下几点：

首先，人的呼吸并不能把肺里的气体一次性全部排出来，总有些气体沉淀在肺的底部，而深呼吸能够最大限度地让这些气体和外界得到交换，增强人体“吐故纳新”的能力。

另外，中医上讲，肺是保护人体的屏障；现代医学也证明，70%以上的人死亡的直接原因是肺衰竭。所以锻炼肺的机能就非常重要。肺的运动形式很简单，就是“开”和“合”。可是现代的人们，特别是办公室里的白领，越来越少从事体力活动，导致肺的这个机能逐渐衰落，使这个屏障护卫人体的能力也随之减弱。所以，深呼吸可以加强这个护卫能力。

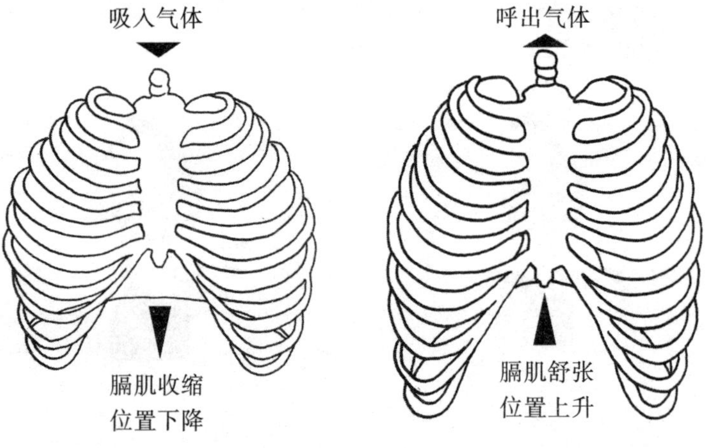

其次，人活一天，五脏六腑就要工作一天，每日工作，却从没人去给它们放松、按摩、嘘寒问暖，日子久了，能不闹意见？它们闹意见的方式很简单，就是让你生病、不舒服。其实，给脏腑按摩很简单，用深呼吸的方式就够了。

吸气的时候，横膈肌下压，呼气的时候，再上提，一升一降，就相当于一抓一放，和我们按摩四肢肌肉的形式很相似。

如果想效果更好点，还可以在吸气之末和呼气结束的时候，保持一下“屏息”的状态，也就是不呼不吸。这就相当于肌肉按摩的时候，捏住了，还要停一会才松开，使力道更充分、透彻。

深呼吸可以帮助促进胃肠的蠕动，使人体的吸收、消化能力增强，既可以减肥，又可以治疗便秘；既可以强体，又可以帮助人们平静心情、调节心理。

印度的瑜伽也非常注意呼吸的调整，瑜伽认为，呼吸和头脑像双胞胎一样，被强壮的横膈肌连结起来。非常常见的是，当横膈膜变硬，恐惧就会占位。恐惧先影响横膈膜，然后影响大脑。横膈膜一旦开始放松，大脑细胞就会松弛下来。这说明横膈膜是肉体、生理体和头脑体之间的媒介，调息为横膈膜带来了灵活性和弹性，习练调息能建立自信，取代恐惧。随着人建立了自信，呼吸自然地把头脑带到放松的状态。

6. 经常“收腹”，体形健美

要使三焦通畅，就要注意收腹。不管是坐着还是站立，都应该养成一个收腹的好习惯。收腹就是腹部内收（图 1–27），和它相反的是“挺肚子”（图 1–28），收腹的目的是为了“松腰”“松命门”。

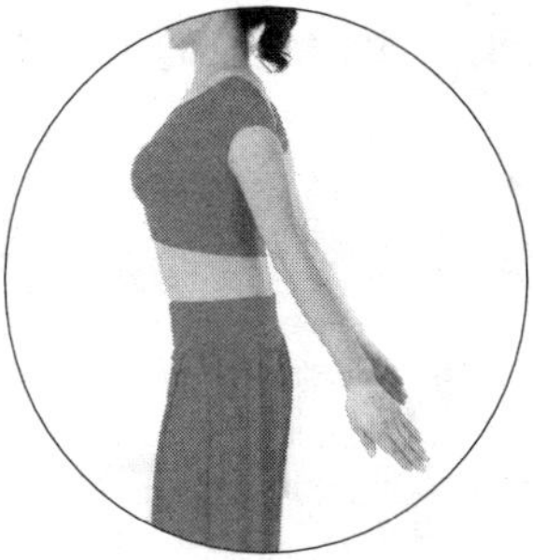

图 1–27

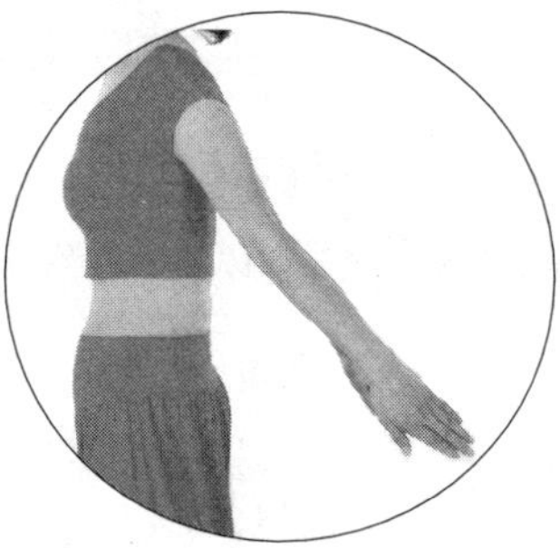

图 1–28

命门穴“贯脊属肾”，与肚脐前后相应，“松腰”就是“松命门”。“命门”是“生命之门”的意思，是生命的发动机，在腰椎的正中，松腰就是要让命门穴不要凹在腰椎里面，而是外凸，保持后腰部平坦，让命门里储藏的生命能量能够顺畅地向上进行输送。

中国内家拳的练习历来讲究“收腹松腰敛臀”，目的就是为了保持人体能量的运输道路畅通。

有位企业家找到我，一定要跟我学八段锦，说是听了我的讲座后，感觉我讲得特别有道理，而他自己总觉得自己精神不振、气力不够，想通过练习八段锦来增强体质、提升精气神，和他交流的时候，我发现这位企业家满脸疲惫，走起路来含胸驼背，说得严重点就是萎靡不振。

在教他练习八段锦的时候，我首先从强调身体姿势入手，要求在练习的时候，时刻保持“立项竖脊”，脊柱是身体的核心部位，支撑着人体，是运动的中枢。整个脊柱犹如一串连珠，应节节贯穿、对拉拔长。立项竖脊才能精神灌顶，方显阳刚之气，如果背也驼了、头也垂了，就会使人没有精神，丧失“骨气”。

不管做八段锦的什么动作都要保持立项竖脊，更进一步，在日常生活中也要保持这个身体姿势。同时，还要时刻保持收腹、夹臀的动作。夹臀指的是两臀向里夹，就像忍着大便的样子。《道德经》第三章中有一句话：“虚其心，实其腹，弱其志，强其骨”，用这句话来指导我们的日常行为，就是“胸以上要虚，腹以下要实”，所以不要挺胸、不要塌腰、不要翘臀，要保持松腰、夹臀、虚腋、沉肩的身体姿势，胸部自然放松，后腰部自然伸直，前腹部向里收，这样就能使三焦通畅。三焦主气，人的先天元气藏于命门，腰部放松，元气沿着督脉从后往上走，使人精神焕发、精力充足。

我把身体姿势的调整作为重点来辅导这位企业家进行练习，再配合上深长缓慢的腹式呼吸，反复地进行站桩和“两手托天理三焦”的练习，而并不急于学习其他动作。通过单调的重复练习，让他的心慢慢静下来，紧张的情绪得以缓解。

第一次练习了半个小时后，这位企业家就觉得全身微微出汗，心里说不出的愉悦，眼睛变得明亮有神。回去练习了半个月，每天早晚两次，每次半小时至一个小时，就练这一个动作，再见面的时候，我发现他背也不驼了、说话声音洪亮，他自己也说睡眠、饮食都得到了改善，自我感觉精力充沛、活力十足。然后，我才慢慢往下教他练习其他动作。

7. 三焦之气和则内外和

据说《中藏经》是神医华佗所著，在这部书中，华佗对“三焦”的功能非常推崇：三焦，总领五脏六腑，荣卫经络内外左右上下之气。三焦之气和则内外和，逆则内外逆。

三焦就像家里面的老太太，一言九鼎，她一发火，全家人都得赔小心，时刻得让老太太心气顺才行。气顺了，干啥才都能顺心合意。

所以，两手托天理三焦这个动作，也是帮助大家顺气的，就像广播体操中的第一节“伸展运动”，先帮助大家活动开身体，然后再进行下面的运动。

二、左肝右肺如射雕

『开弓射箭』的动作不但可以锻炼胸肌，还可以增大肺活量，改善呼吸功能，使胸部肌肉得到运动，拉伸和刺激了胸腺，促其分泌更多的免疫物质，从而提高抗病抗癌能力。

1. 马步下坐，保健膝盖

这是一个模仿骑在马上开弓射箭的动作，所以采用马步姿势，两脚分开，大约两倍肩宽，臀部下沉，慢慢坐下来，大腿内侧收紧，十个脚趾抓地，从上往下看，眼睛通过两膝盖能够看到脚尖（图 2-1）。如果看不到脚尖，就是错误动作（图 2-2）。

图 2-1

图 2-2

最容易出现的错误动作是“跪膝”，从侧面看，膝盖好像在下跪。跪膝的时候，身体的重量落在了膝盖的髌骨上，髌骨长期承担这么大的负荷，慢慢就会造成髌骨炎、髌骨劳损，做屈膝的动作时膝盖有疼痛感，严重的话爬楼梯都困难，生活质量大受影响，苦不堪言。

正确做好马步动作，腿部肌肉力量增强了，不但不会伤害膝盖，反而是保健膝盖的好方法。要求在屈膝的时候，低头通过膝盖能够看到脚尖，这样可以使身体的重量落在大腿股四头肌上。

“10 月 17 日，早晨正要走下寓所的楼梯，右膝突如其来地发软。弯曲到某个角度，膝盖骨便申诉独特的疼痛。跟单单的疼痛不同，在某一处感到不对劲儿，冷不防会使不上力气。这就是所谓的膝盖颤抖，日语叫作‘膝盖笑’。不扶着栏杆，就下不了楼梯。”

2005 年，一名 56 岁的男人在参加完一场半程马拉松后，记下了自己膝盖的症状。他叫村上春树。在《当我谈跑步时我谈些什么》一书的最后，他的署名是——作家（兼跑者）。

作为人体最大、最复杂的屈伸关节，膝关节如同一个轴承，在人体运动时承受着整个上半身和大腿的重量。膝关节的结构特点使得它很容易发生错位、滑动、磨损等伤害。

当膝盖周边的肌肉群、大腿肌群、胯部、骨盆周围的组织都很强壮的时候，则能够帮助膝盖保持平衡与稳定，而如果这些肌肉特别是股四头肌的力量比较弱时，膝盖就容易受伤。

怎么样才能做好马步、保健膝盖呢？介绍一个好方法：靠墙静蹲。特别是针对腿部肌肉力量比较弱的人群，更要建议他们多练习“靠墙静蹲”。（图 2–3）

图 2–3

在靠墙静蹲的时候，一方面增强了腿部核心肌群的力量，另外，关节软骨没有“嘴”，也没有血管供血，它要靠关节液获取所需的氧气和营养。而关节液里的营养需要在一定压力下，也就是关节的挤压与放松的交替之下，才能进入到软骨组织之间的空隙。关节液使软骨代谢产物通过滑膜而吸收，又把滑膜产生的营养补充给软骨。长此以往，软组织的耐磨性就会增强，也会更健康。

图 2–4

在马步开弓的时候，不要求坐得很低，半蹲就可以了，关键要注意膝盖与两脚之间的角度，要把身体重量落在大腿上，而不要落在膝盖上，千万不要出现图 2–4 这样的动作。

长期坚持练习靠墙静蹲，从坚持几秒钟到几分钟，再到几十分钟，可以一边阅读或者看电视一边进行练习，可以有效增强腿部肌肉力量，保健膝盖，使人腰腿硬朗。

2. 左右开弓，如同射雕

一代天骄，成吉思汗，弯弓射大雕，一手拉弦，一手立掌，全神贯注，瞄准远方，剑拔弩张，张弛有道，松紧结合，阴阳协调。

开弓射箭的时候要“紧”，左右展臂的时候要“松”，一松一紧，才能起到促进气血循环的作用。

首先还是从“托球桩”开始。（图 2–5）

左脚开步约两倍肩宽距离（注意左右开步的时候，出左脚则左手在里面，出右脚则右手在里面）。手腕在胸前十字交叉，缓缓屈膝下坐成马步，同时左右开弓。（图 2–6、图 2–7）

图 2–5

图 2–6

图 2–7

左右开弓以后，两侧手臂向左右伸直打开，立掌，两臂伸平，重心移到一侧腿上，同时转头，目光平视另一侧。（图 2-8）

然后，两手腕放平，头部转正，目光平视。（图 2-9）

接着，收脚至与肩同宽，保持屈膝状态。（图 2-10）

最后，在两手缓缓下落的同时，两膝慢慢伸直，两手托于腹前。（图 2-11）

图 2-8

图 2-9

图 2-10

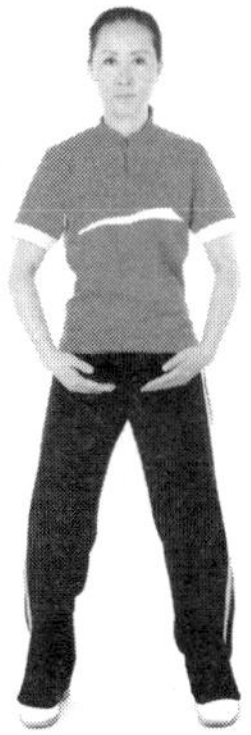

图 2-11

右侧动作，先下坐屈膝，再开步拉弓，循环往复。

扫码观看“左肝右肺如射雕”
动作视频

3. 扩胸运动保健心肺

古人把肺叫作“华盖”，华盖就是皇帝马车上伞形的车盖，可以起到遮风挡雨的作用。把肺比喻成“华盖”，是说肺也有这样的作用，可以遮风挡雨，可以防御病毒的入侵。

据世界卫生组织最新统计，在全球疾病死因中，排在第一位的是心脏病，第二是脑血管病，第三是急性肺部感染，第四是“慢阻肺”（慢性阻塞性肺疾病）。我国每年因“慢阻肺”死亡的病人达 100 万。

如果能够科学锻炼，注意防护，肺部的很多疾病都是可以预防的，左右开弓的扩胸运动就是一个很好的方式。

任何人都适合做扩胸运动，尤其是长期伏案工作的人，易使肺部组织弹性降低，肺活量减小，心肺功能受损，甚至招致肺不张、支气管炎和心律不齐等疾患，或出现头昏、目眩、恶心等症状。

扩胸运动可以预防、治疗颈椎病，有效地消除因伏案而造成的肺部压抑感，增强心肺功能。女性尤其需要做扩胸运动，可防止胸部下垂并利于丰胸，同时预防乳腺增生。

每天坚持锻炼扩胸运动 10 ~ 20 分钟，可调整胸背肌力平衡，防止胸椎单向侧弯，增加心肺血管的弹性，提高心肺供血氧的能力，从而提高心肺功能。

4. 什么叫“左肝右肺”

在南宋和元朝时期的八段锦文献中，这个动作都被称为“左肝右肺如射雕”。明清时期，这个动作被叫作“左右开弓似射雕”。确切说，还是“左肝右肺如射雕”这个名称直观、形象、恰如其分。

中医上经常说：左肝右肺，可是从解剖学的角度讲，肝脏在人体的右边，肺叶分居在胸腔的左右。难道中医认识错了？

不是中医认识的问题，而是中医所讲的“肝”和“肺”并不是解剖学意义上的“肝脏”和“肺叶”。

“肝”和“肺”实际上代表的是人体的功能，肝在五行属木，位于左侧，主生发；肺在五行属金，位于右侧，主收敛。这一生发一收敛，就如同我们平常所说的“东与西”，太阳东升西落，“东西”就象征着均衡协调，代表了日常生活。左肝右肺经常连在一起，也是因为它象征着太阳的东升西落，升降有序，起落均衡，自然地使我们的生命达到和谐统一。

5. 为什么练功先开左脚，做动作要先左后右

大家留心观察一下，不管是练太极拳，还是练习八段锦，在起势的时候，都要先动左脚；做动作的时候，也是先做左式，再做右式。这是为什么呢？

有这么几层意思。

第一，如下图所示，左为东方，属木，为青龙，主生发；右为西方，属金，为白虎，主收敛；先动左，让身体生发，可以引导气血的运行。

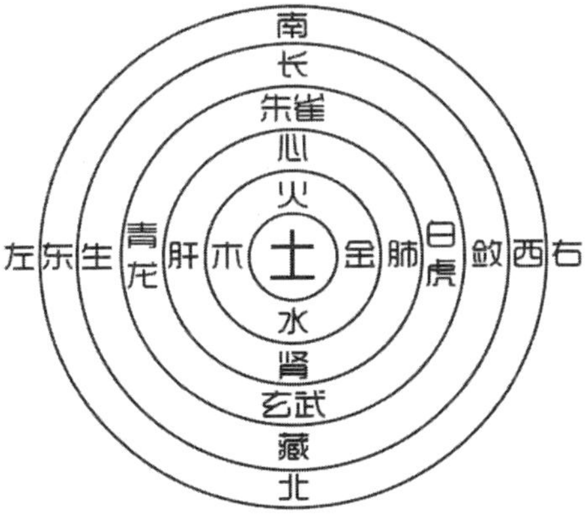

第二，五行配五脏，肝属木，主血；肺属金，主气；我们通常说“左肝右肺”，其实指的是“左血右气”，左边血旺，右边气盛，血是阴，气为阳，阳主动，阴主静，血为气之舍，气为血之帅，血慢气快，阴阳要平衡，所以我们要先动左脚，让慢的血先动起来，以和气的运行相适应。

第三，肾有两个，一左一右，肾脏是一身阴阳的根本，左肾主水，右肾属火，左边水为阴，右边火为阳。动功注重于动，阳气容易生发，容易造成阴阳的不平衡。这时候更要注意调节阴气，所以要让主静的阴气先动起来，使阴阳趋于平衡。

6. 八字掌可以抻拉肺经和大肠经

八字掌，就是把拇指和食指尽量打开，其余三指用力扣起来。

肺经走拇指的里面，大肠经走食指的外面，肺与大肠相表里，用力外展拇指和食指，有抻拉肺经和大肠经的作用。

肺为脏，属阴；大肠为腑，属阳；肺和大肠一上一下，相距甚远，但由于手太阴肺经和手阳明大肠经相互连接，所以通过经脉的相互络属，构成了脏腑表里关系。

因此，二者在生理病理上有密切关系。

肺主气，主行水，大肠主传导，主津，所以，肺气顺利下达，才能使大便通畅。反过来说，大肠之气畅通，人的呼吸之气才能均匀。

肺热的病人，通常都有大便困难的症状，正体现了肺与大肠的关系。

做八字掌的时候，立腕，手掌要尽量往后撑，使手腕和手臂形成 90° 的垂直角，要充分感受到手臂内侧的抻拉；同时，食指和拇指伸直后撑，其余三指扣紧。这样才能起到刺激肺经和大肠经的效果。

7. 肺主皮毛，主美容

人的呼吸方式有两种，一种是口鼻呼吸，这是最常见的呼吸方式，人人都懂；另一种是皮毛呼吸，很多人却不注意。

肺是主管呼吸的器官，肺“开窍于鼻，主一身之皮毛”，也就是说，人体的皮肤、毛发都和肺有很紧密的关系。皮肤没有光泽，毛发萎枯，都应当考虑是不是肺的功能出现了问题。

学过太极拳的人都知道，太极拳有一个练习要领叫作“气宜鼓荡”，意思是说全身好像都充满了气，一呼一吸时整个身体感到一开一合，好像全身所有的毛孔都可以呼吸。

《道德经》说天地之间犹如“橐龠（tuó yuè）”，橐龠就是“风箱”的意思，根据中国哲学“天人同构”的理论，人体也是一个宇宙，是一个小宇宙，所以人体也是一个“风箱”，它的开合就是通过口鼻和皮毛来实现的，时刻与大自然进行着气体的交换，这就叫气宜鼓荡。

现代人喜欢吃冷饮，《黄帝内经》早就提示我们：“多食冷饮伤肺”，伤肺则伤皮毛，皮毛指的是全身的皮肤和毛孔。伤肺，皮肤就容易出问题，所以冷饮要少吃，特别是夏天，天越热越应该少吃冷饮，这是保持皮肤年轻化的一个重要保健方法。

手臂的开、合和胸部的展、收，有舒展和挤压中府穴、云门穴的作用。

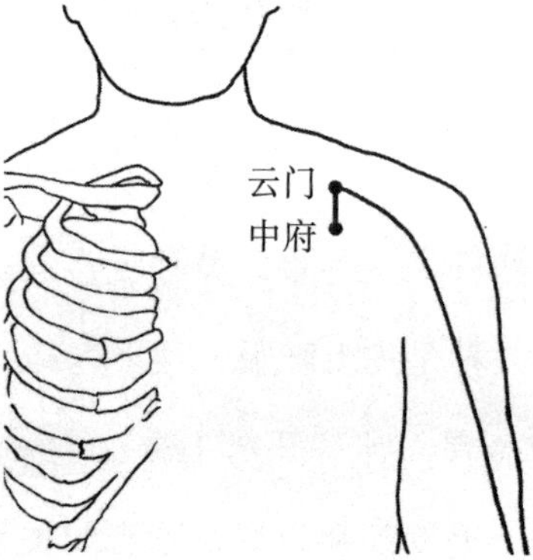

中府穴是肺的募穴。募穴是气血直接输注到脏器的地方，和相应的脏器紧密相联。云门穴，顾名思义，是“云气之门”，是肺气出入身体的门户。扩胸运动，一开一合，开的时候吸气，合的时候呼气，直接牵拉到中府穴、云门穴，起到锻炼肺经的作用。

8.“筋长一寸，寿延十年”是真的吗

“筋”是中国传统文化中特有的一个名词，不是现代解剖学上的独立术语。在日常生活中，有“筋疲力尽、青筋暴露、劳其筋骨、伤筋动骨、柳骨颜筋”等成语为大家耳熟能详。这些成语中的“筋”虽然各有其含义，但是都与我们的身体息息相关。

《说文解字》上解释“筋”为“肉之力”，所以俗话说“筋主力气”“筋长一寸、力大一分”，出处就在这里。

《黄帝内经》上说“诸筋者，皆属于节”，节是骨节的意思，说明筋具有连接和约束关节、参与运动等功能。肝主藏血，《黄帝内经·灵枢·本神》提到“肝藏血，血舍魂”。《黄帝内经·素问·五脏生成》亦云：“故人卧血归于肝，肝受血而能视，足受血而能步，掌受血而能握，指受血而能摄。”所以筋要发挥作用离不开肝血，肝血充足，筋才能灵活，反过来，手脚关节的运动能够锻炼“筋”，起到促进气血流通的作用。

人体关节之所以能屈伸运动，主要依赖筋的收缩和弛张功能。筋附着于骨而聚于关节，在骨与骨的连接处由筋加以包裹约束而形成关节，故正常情况下，筋骨紧密相连，各归其位，通过筋的“束骨”作用，维系着骨关节及其周围组织的正常结构关系，并完成生理范围内的各种功能活动。

所以，筋指的就是现代医学上所说的“肌腱、韧带、筋膜、腱鞘、滑囊、关节囊”。

近几年，“筋长一寸，寿延十年”的说法比较流行。这句话可以被认为是来自中医的一个观点：“骨正筋柔，气血自流”，气血瘀滞，不通则痛，气血通畅，通则不痛。因此，拉筋的作用，首先表现在祛痛上。临床上常见中老年人肩背、腰腿疼痛，肢体活动不便，这其实就是中医所谓的“痹证”，也属于人老筋缩的表现。年纪大了，运动减少，筋就容易挛缩，气血就更容易流通缓慢，滋生其他疾病。拉筋可以使气血流通，从这个角度讲拉筋是延缓衰老、保持健康的健身妙法之一。所以说拉筋最初始的作用是使气血流通，最明显的效果是治疗各种肌肉关节疼痛，而间接作用确实可以延缓衰老。“筋长一寸，寿延十年”这种说法有一定道理，但是太过夸张是不正确的。

9. 别忽略了锻炼脚趾

在“射雕”的动作中，不止有上肢“拉弓射箭”的动作，还要有下肢脚趾松紧交替的练习。人的衰老是从离心脏最远的部位开始的，俗话说：人老先从腿上老，实际上是脚上的血液循环放慢了，血流量不足，所以走起路来腿脚不稳了。再接着就是手指上的血液也不足了，所以摸上去手脚冰凉。步履蹒跚、手颤，这都是衰老的标志，说明心脏的动力不足了，泵出的血液到不了肢体的末梢。

有位老人家颤巍巍地来练习八段锦，我不要求他的动作做得多么到位，只要求他的动作要缓慢，动作和呼吸要配合，特别是练习“左右开弓”的时候，要求他的手指和脚趾要充分地动起来。刚开始，他说手指、脚趾特别硬，不听使唤；我就要求他意想自己的手指和脚趾动起来；坚持了几天，老人家说手指和脚趾慢慢有感觉了、能动起来了，我鼓励他继续坚持，只练习八段锦的前四个动作，每次反复练习 20 分钟左右。

半个月后，老人家说，每次练完，都觉得手指、脚趾热乎乎的，手脚温暖而有力，走路比以前稳当多了。

手指、脚趾末梢的温度叫作“指温”，深呼吸配合缓慢的动作练习，可以有效提升指温，因为这种练习可以提高心肺的代谢功能，使人体从外界获取氧气和运输氧气的能力得到很大的改善和提高。对老年人来说尤其适合，可以有效防止老年痴呆和摔倒，延长寿命、提高生命质量。

五个手指并拢弯曲，变成“虎爪”，这是模仿“拉弦”的动作，是手指收紧的动作，然后再放松变成自然掌，一紧一松，促进气血的循环。同样，在拉弦的同时，十个脚趾头要抓地，然后再和十个手指头一起放松，周而复始，松紧交替，体现了“肝主筋、锻炼肝、锻炼筋”的目的。

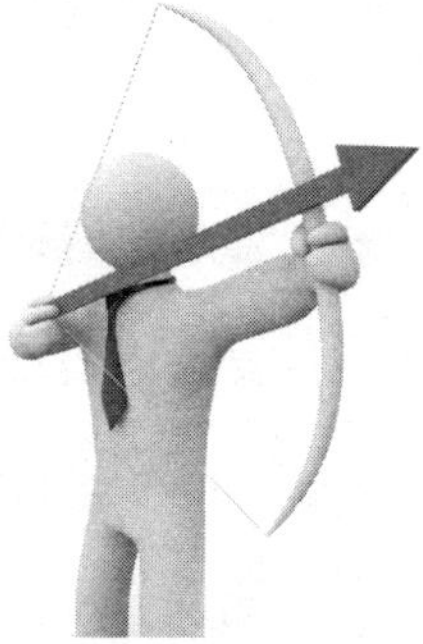

曾经看过一个新闻，说是一位中年女性因车祸卧床不起，头部受创、神志也有些不清楚，偶然的机会，丈夫发现妻子对钞票特感兴趣，于是给她一沓崭新的百元大钞，妻子每日里点来点去，竟然康复神速，引起了不小的轰动，最后这事都上了报纸。

我觉得，当时丈夫应该再准备两个罐子，一个空着，另一个盛满一元硬币，让妻子用脚趾夹硬币。手指点钞，脚趾夹硬币，手指、脚趾一起运动，锻炼脏腑、刺激大脑的效果会更好、更全面。

经常看到老人们手里攥着两个球，来回转动，既能活动手指又能灵活大脑。其实，还有一种更简单的保健方法，只需动动脚趾就能很好地健脑，方法如下：

第一，脚趾抓地。站立或坐姿都可以。将双脚放平，紧贴地面，与肩同宽，连续做脚趾抓地动作 60~90 次，每日可重复多次。采用抓地、放松相结合的方式，一紧一松，刺激气血加速循环。做这个动作时，最好赤脚或穿柔软平底鞋。

第二，脚趾取物。每天洗脚时，可以在盆里放一些椭圆形、大小适中的鹅卵石或其他物体，在享受泡脚带来的舒适感的同时，用脚趾练习“抓球”动作，反复夹取水中的物体。

第三，扳脚趾。用手反复将脚趾往上扳或往下扳，如果同时对脚趾配以揉搓动作的话，效果更佳。晚上坐在沙发上看电视的时候，不妨试试。

三、调理脾胃须单举

这个『单举手』的动作能促进胃部的血液循环，调理脾胃功能，有助于改善食欲，促进消化吸收，缓解因精神紧张等情绪因素引起的消化不良、胃疼等不适。这个动作配合缓慢的深长的呼吸练习，相当于对消化器官进行一次『按摩』，有助于提升消化功能，预防和缓解腹部胀气、胃部胀满、便秘等胃肠道动力不足的问题。

1. 一撑一按　锻炼脾胃

五行和五脏相对应，五行——木火土金水，分别对应着五脏——肝心脾肺肾。

土和脾相对应。俗话说：水来土掩，水和土是对头，同样，水也是脾的敌人。脾容易被湿所困，人就容易觉得倦怠无力，大便不成形，早晨起床的时候觉得特别疲劳，头发昏，打不起精神来，或是像穿了件湿衣服一样，浑身不清爽。

脾湿是当今社会所有人都要面对的一大难题，主要原因是因为今天生活条件提高，食品极大丰富，人们为饱口腹之欲，饮食没有节制，而运动反而减少，使摄入多于需要，超过人体运化能力，水谷精微代谢失调，聚而化为痰湿。所以许多病是吃出来的，当今最常见的富贵病如高血压、冠心病、糖尿病大都是吃出来的。

脾为湿邪所困，脾气不升，胃气难降，脾胃就会出现问题。湿为寒邪，对人危害很大。如何能够增强脾的运化功能，对现在常见的慢性非传染性疾病来说，尤为重要。

“须单举”这个动作，一手上撑，一手下按，并不是只有“脾主升清、胃主降浊”的象征意义，更重要的作用在于“拉伸”

和“挤压”脾胃，以达到运动脾胃的目的。

人有三焦，脾胃是中焦，在躯干的中部，脾胃要随着双手的动作进行运动。一撑一按时，要尽量把脾胃拉开；上举的手下落时，脾胃要尽量向中间挤压，然后再放松。

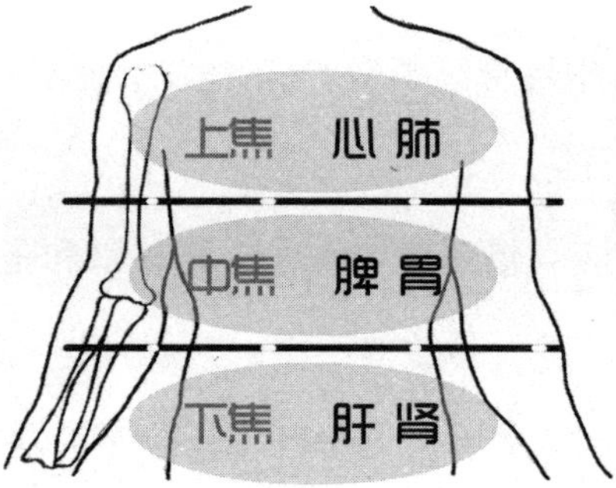

两手的动作，是为了配合躯干对脾胃进行拉伸和挤压。注意动作的力点要放在中焦脾胃上面。

第一，两脚分开与肩同宽，下坐屈膝，两手托在腹前，目光平视。（图 3–1）

图 3–1

第二，一手手指斜向上，慢慢上穿，沉肩，肘尖朝下，手心慢慢转向外、向上，同时配合吸气，中焦脾胃也随之用内劲拉伸；另一手则慢慢向胯旁摆动，同时转手心向里、向下；双膝慢慢伸直。（图 3–2、图 3–3）

图 3–2

图 3–3

第三，一手撑在肩上，手心向上，另一手按在胯旁，手心向下；两肩放平，两肘弯曲，收腹松腰，两膝伸直。（图 3–4、图 3–5）

图 3–4

图 3–5

第四，上举手转手心向下，沉肩坠肘慢慢下按，脾胃随之向内挤压。（图 3–6）

经过与肩同高后，两手缓慢地转手心向上，下坐屈膝，两手收至腹前。（图 3–7）

图 3–6

图 3–7

扫码观看“调理脾胃须单举”
动作视频

2. 脾胃平衡是健康的基础

脾主“升”，胃主“降”，一升一降，恰好就像一手上举，一手下按，所以这个动作叫作“须单举”，而不是“双举手”。

脾和胃的关系，就像是一个跷跷板的两头，一边重了，另一边就翘起来了。对现代人来说，脾和胃不能保持平衡的关系了，往往表现为“脾虚”，中医认为“脾主肉”，这个肉不是肌肉，是肥肉，也就是脂肪，所以脂肪的多少与脾的强弱有直接的关系。

脾的任务是“运化”，人体吸收的营养，要靠脾输送到全身，脾虚了，脾的力气不足了，没有力气把营养运走，这些营养就堆积在身体表面，特别是腰部和臀部，好像在腰部套上了一个游泳圈。

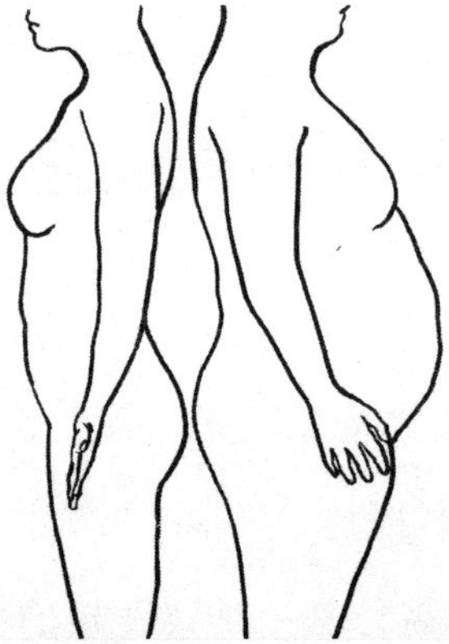

中医看病，对肥胖的人，“望”诊就知道病症了，肯定有“脾虚”。现代人吃得太多太好，脾的工作能力跟不上要求，慢慢就造成了一个个的“大腹便便”。

人过中年容易发福，人体新陈代谢速度会随着年龄增长逐渐减慢。研究发现，过了 30 岁，新陈代谢每 10 年就降低 5%，由此带来衰老、肥胖、糖尿病和心血管疾病等多种健康问题。现代医学把原因归结为“新陈代谢缓慢”，用传统文化解释，就是“脾虚”了。常年劳作的农民、经常坚持有氧锻炼的人，都较少出现肥胖的现象，这是因为锻炼帮助他们“脾气充实”，能够维持理想的新陈代谢。

3. 气满不思食，自然辟谷

道教的经典著作《黄庭经》中把脾称为“黄庭”，是人体的根本、五脏的要枢，道教有一句名言，叫作“气满不思食”，意思是说如果一个人气足的话就不会觉得饿。

道家的典籍数不胜数，但是古人大浪淘沙，总结出道家修炼的“十六字真传”：收视返听，凝神入气，调息绵绵，心息相依。意思是说意念要集中在呼吸上面，要求呼吸要缓慢、均匀、深长，要用腹式呼吸，特别是逆腹式呼吸，来代替平常的胸式呼吸。

逆腹式呼吸，吸气收腹、呼气还原，一吸一呼之间自然停顿，古人认为这种呼吸方式可以“气落黄庭”，就是气落到了脾中，俗一点说就是“把气吃到肚子里”，这在古代叫作“服气”或者“食气”。古人还有很多相关的故事，基本上都是拿乌龟来说事，说乌龟整年甚至很多年不吃食物还可以生存，就是因为采用特殊的呼吸方式，是在“吃气”，所以才有能量供应。

龟是仁寿的象征，“龟咽日气而长寿”，它的寿命很长，人们对龟非常崇拜，希望托龟之庇护，同龟之寿。在故事当中，龟的特别之处是它的呼吸“绵绵若存”，呼吸很深很长，频率很低。

在古代的绘画、塑像、铜镜中，经常可以看到龟的形象。

缓慢深长的呼吸有助于集中精神，减少妄念，这样能量消耗就少，妄念越少，能量消耗就越低，佛教有一种观点认为，人有95%的能量是消耗在妄念上面。所以佛教有一句常用语，叫作“禅悦为食”，排除杂念进入禅定，心生喜悦可以代食。

怎样进入禅定呢？还是要从调整呼吸入手，这叫作“调息”，具体要求就是“调息绵绵”，然后达到“心息相依”的境地。佛、道在这一点上实际上是同一的。

在现实生活中，我们可以看到，一些人一旦心情不好就喜欢暴饮暴食，这就属于典型的情绪影响到脾胃的功能了。

气落黄庭，就是气落脾中，脾中气满，不思饮食，自然也就不会肥胖了。1973年在湖南马王堆汉墓出土过一部帛书《却谷食气篇》，内容讲的是“辟谷”，“谷”指的是五谷，“却”指的是“辟”，辟谷不是什么都不吃，而是不吃五谷，但不吃五谷的同时要“食气”，进行呼吸锻炼。

2016 年我应邀在残联教八段锦，有位坐轮椅的阿姨问我怎么能减肥，这位阿姨既不方便运动又特别不爱运动，望着日渐增粗的腰围，想从我这里讨一个巧。

我教她一个“呼吸减肥法”，具体做法就是“逆腹式停闭呼吸”：吸—停—呼—停……要求头正颈直，上体端正，舌抵上腭，鼻吸鼻呼，呼吸要缓慢、均匀、深长，眼睛可以轻轻闭上，或者目视鼻尖，腹部随着呼吸一起一落，吸气收腹、呼气还原，把注意力集中在腹部，用心去感受腹部的一起一落。刚开始练习，每次坚持 15 分钟左右，以后逐步增加到一个小时左右。每天练习的次数不拘。另外，饮食要清淡，生活要有规律。

这位阿姨坚持了两个星期后告诉我，长期困扰她的便秘得到了有效治疗，从原来的三五天一次，过渡到每天一次。我告诉她，这是因为她的肠蠕动能力增强了，促进了她的消化功能。又过了两个星期，这位阿姨高兴地告诉我，她的腰围少了 10 厘米，而且精神健旺，心态良好，对生活充满了热情。

我们锻炼的动作要和呼吸相配合，采用逆腹式呼吸，呼吸深长缓慢，就能增强脾的功能，练习结束，觉得腹中气满，精神旺盛，不觉得饿，再控制一下饮食。长此以往，才能保持良好的体型。

四、五劳七伤往后瞧

转肩『往后瞧』的动作可以刺激督脉、膀胱经、大椎穴等，提升人体的阳气，《黄帝内经》上说：『阳气者，精则养神，柔则养筋。』意思是说：阳气内化精微，养于神气；外为柔软，以固于筋。『转肩旋臂』的动作通过挤压膏肓穴刺激五脏六腑，可以提高脏腑的生理功能。

1. 怎么样“往后瞧”

“往后瞧”就是转头能够看到侧后方的意思。

什么时候转头呢？在肩胛骨夹紧、手臂旋转的情况下再转头，身体固定，两肩不动，头部左右转动只能到90°，眼睛正好能够看到侧后方，这就叫作“往后瞧”。

在转头的时候，下巴要一直收紧，目光平视，好像头顶有一根绳子把整个人提起来了，同时两个肩膀还要往下沉，把颈椎尽量地拉长。

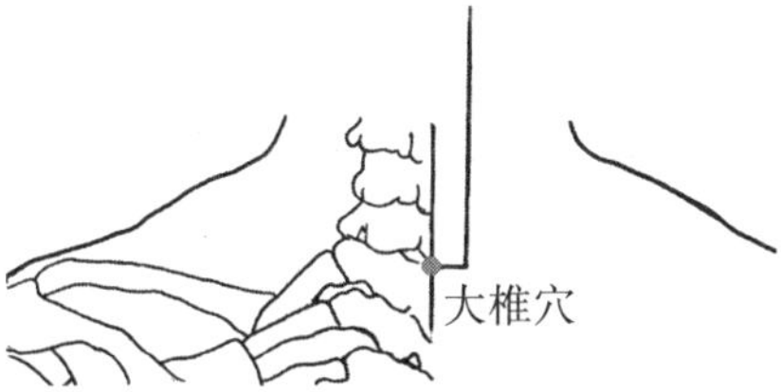

颈椎一共有七节，低头，然后摸上去最明显的就是颈椎第七节。

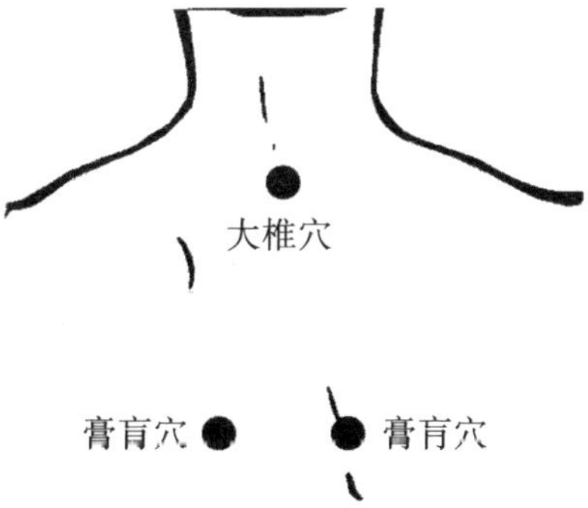

当你低下头左右转动脖颈时，上面六节颈椎都跟着转动，只有第七颈椎是不动的，这个不动的颈椎棘突下就是大椎穴。

人体有七条经络经过大椎穴，这七条经络都是属阳的经络，包括手三阳经、足三阳经和督脉，也就是说人体所有属阳的经络都要经过大椎穴，大椎穴是阳经交汇的交通要道！

大椎穴的意思是说穴内的阳气充足、满盛，如椎般坚实，故名“大椎”。大椎穴如果被堵住的话，人体的气血就不能上行于头部，轻则头晕、失眠、健忘；重则发生脑梗、脑血栓。

大椎穴总督着一身的阳气，阳气就像天上的太阳，离开太阳，万物都无法生长，如果大椎穴不通畅，人体的阳气就无法上升，整个人就没有生机。所以古代的医书里面非常重视大椎穴的疏通。

“往后瞧”的动作就是为了刺激大椎穴，肩膀固定不动，左右转头，对大椎穴是一个很好的按摩，可以促使通过大椎穴的阳气顺利地上升。

阴雨天气容易使人萎靡不振，就是因为缺了太阳之气。同样，人体缺了阳气，五脏六腑就缺少了生机，同时人的情志也会出现这样那样的问题。

天有三宝日月星、人有三宝精气神，精就像灯油，气就是灯芯，神是油燃烧以后发出的光亮。大椎穴就像灯芯，把油运输上来，让大脑保持一个良好的状态。这是维持人的生命活力的最重要体现！中医认为脑为髓海，为精气所化生，是元神之府。同时，人体一切精神意识思维活动，都是脏腑生理功能的反应，但还是受到脑的指挥。

所以大椎穴的畅通是神志清明、五脏六腑功能顺畅的有力保障！

2.“病入膏肓”的“膏肓”在哪里

整体来看，“五劳七伤往后瞧”这个动作的要点除了刺激大椎穴，还要刺激膏肓穴，按摩膀胱经，由表及里地刺激五脏六腑，促进它们的功能发挥。

中国人都知道“病入膏肓”这个成语，说的是一个人病得无药可救了，只能等死。在人体的膀胱经上有一个叫作“膏肓”的穴位，正好在肩胛骨的下面。和膏肓穴对应的穴位叫作“厥阴俞”穴，“厥阴”的意思是“脏腑深处”。医圣张仲景写过一本书《伤寒论》，书中论述了疾病的发展顺序，是以太阳病、阳明病、少阳病、太阴病、少阴病、厥阴病为顺序逐渐深入的，越往里越严重，所以“病入膏肓”的意思就是病入厥阴，病已经发展到了脏腑的深处，无论是扎针还是吃药都很难发挥作用了。

从这里可以看出来，刺激膏肓穴的目的，实际上是要刺激到脏腑的深处。怎么达到这一目的呢？

“五劳七伤往后瞧”这个动作，要求两个肩胛骨要转动，向后转动，合在一起，只留一条缝，两个肩胛骨像弹簧一样的被拧紧，再松开，像弹簧一样被松开，再拧紧，周而复始，通过运动肩胛骨，起到刺激膏肓穴的作用，进而刺激到五脏六腑的深处。

两个肩胛骨一拧动，不单单是按摩到了膏肓穴，还把整条膀胱经向中间进行挤压，然后再松开。要把肩胛骨靠在一起，这个挤压的力度还是蛮大的，这就等于自己在给自己做按摩，定向按摩，循经按摩，就是按摩膀胱经，通过刺激膀胱经上的穴位，达到调理五脏六腑的目的。

身体里的五脏六腑协调了，内部安宁了，人的情绪也就平静了，情志上就不会有大的波动。反过来说，刺激与情志有关的穴位，也是间接刺激五脏六腑，使脏腑能够更有效地发挥作用。

在做这个动作的时候，还是从托球桩开始。（图 4–1）

首先要两腿伸直，两手摆至体侧，头正颈直，双肩下沉，手心向后，手指朝下，形成头顶向上、手指向下的对拉力，使脊柱充分得以拉伸。（图 4–2）

图 4–1

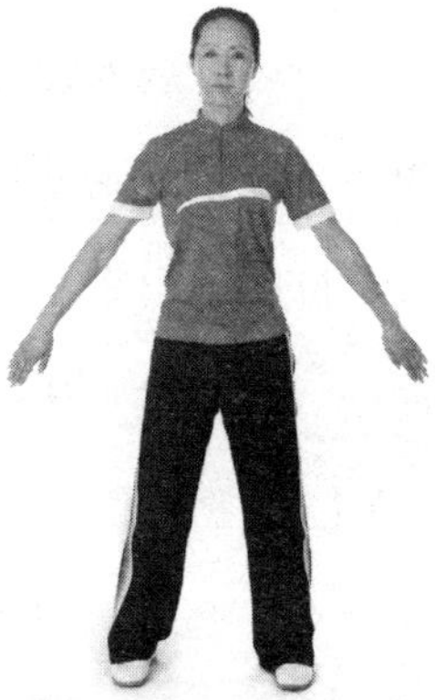

图 4–2

然后转肩、转臂、转掌、转头，手臂和身体要保持在一个平面上，肩胛骨带动手臂向左后旋转，手臂带动手掌旋转，一直转到小指朝上，两个肩胛骨尽量夹紧，像弹簧一样的拧紧，同时配合转头。（图 4–3、图 4–4、图 4–4 附图）

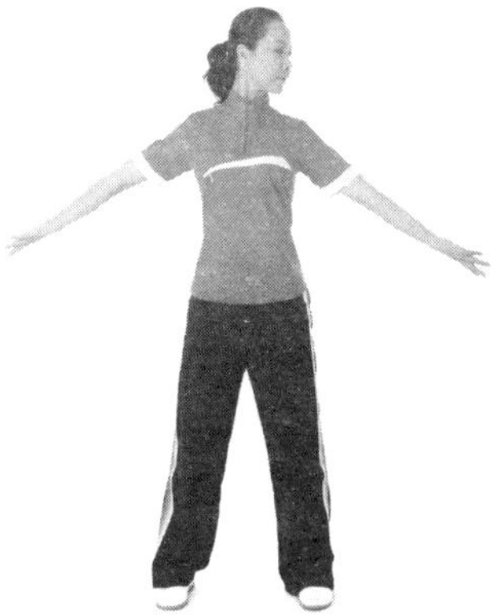

图 4–3

图 4–4

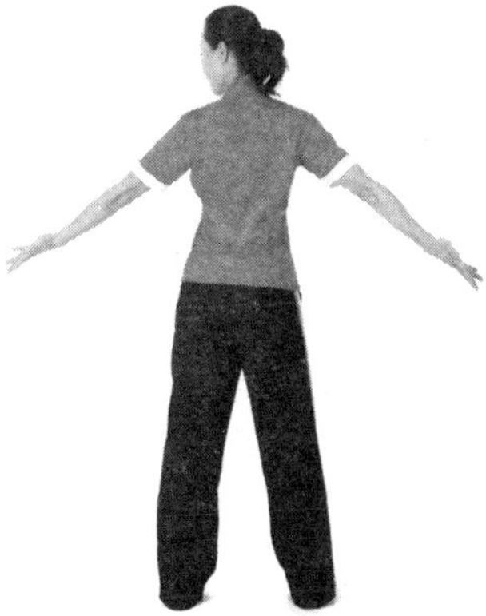

图 4–4 附图

最后，两个肩胛骨松开，很自然地弹回原处，两手托于腹前，头部摆正，下坐屈膝。（图 4–5）

右侧动作和左侧动作相同，唯方向相反。

图 4–5

扫码观看“五劳七伤往后瞧”
动作视频

3. 五劳与七伤的关系

一个“往后瞧”的动作，就能治疗“五劳七伤”吗？如果你真这么认为，那就掉入古人给你设置的“陷阱”了。

实际上这个动作首先是在讲道理，其次才是讲效果。讲什么道理呢？讲的是“身”和“心”的关系，是“身心同治”的道理。

五劳就是“五痨”，“痨”是“积劳成疾”的意思，“痨病”的本义是指“疲，积劳瘦削”，劳累过度，整个人消瘦疲惫，无精打采，有气无力，这就是“痨”。

后来因为肺结核常见多发，而且肺结核的病人干不了重活，所以痨病也才特指肺结核。

“五痨”就是指“五脏积劳成疾”，使用过度了。为什么会“积劳成疾”呢？这就与“七伤”有关了。

看过《倚天屠龙记》的人都知道，小说里提到过一种“七伤拳”，“七伤拳”说：“人体内有阴阳二气，金木水火土五行，心属火、肺属金、肾属水、脾属土、肝属木，一练七伤，七者皆伤，五行之气调阴阳，损心伤肺摧肝肠，藏离精失意恍惚，三焦齐逆兮魄飞扬。”

书中说，这七伤拳的功夫每深一层，自身内脏便多受一层损害，所谓七伤实则是先伤己再伤敌。小说对七伤拳大加推崇，说它出拳时声势煊赫，一拳中有七股不同的劲力，或刚猛、或阴柔、或刚中有柔、或柔中有刚、或横出、或直送、或内缩，敌人抵挡不住这源源而来的劲力，便会深受内伤。

“金毛狮王”谢逊曾以七伤拳击毙了少林神僧空见大师。但这七伤拳倘由内力未臻化境的人来练，对自己便有极大伤害。谢逊练此拳时伤了心脉，以至有时狂性大发，无法抑制。而张无忌已有绝顶内功，再练此拳，便无妨碍。

小说里提到的“伤了心脉所以发狂”，倒是与中医的认识是一致的。“七伤拳”其实指的是“伤五脏”的拳，是“五伤拳”。

中医里讲“七伤”：一为大饱伤脾；二为大怒气逆伤肝；三为强力举重，久坐湿地伤肾；四为形寒饮冷伤肺；五为忧愁思虑伤心；六为风雨寒暑伤形；七为大恐惧不节伤志。

伟大的医学家孙思邈在《备急千金要方》里面也提到了“五劳”“七伤”，并且明确指出“五劳五脏病”：一曰志劳，二曰思劳，三曰忧劳，四曰心劳，五曰疲劳。

志发于肾，志劳就是肾劳，易惊恐。

思劳就是脾劳，脾主肉，相思病就易消瘦，这是因为伤到了脾。

忧劳是悲伤过度，心情压抑，伤肺。

狂喜伤心，心劳容易惊悸，恍惚多梦，心神不定。

《黄帝内经》上说：肝为罢极之本，意思是肝的作用在于“耐受疲劳”，肝有损则容易感到疲劳疲倦，稍微动一动就觉得累。

孙思邈认为“七伤”是：远思强虑伤人，忧恚（huì）悲哀伤人，喜乐过度伤人，忿怒不解伤人，汲汲所愿伤人，戚戚所患伤人，寒喧失节伤人。

这七伤都是感情方面的，可以说是“七情所伤”。也就是一般我们所讲的：心主喜，肝主怒，肺主悲，脾主思，肾主恐，喜伤于心，怒伤于肝，悲伤于肺，思伤于脾，惊恐伤于肾。

中医认为：七情指的是喜、怒、忧、思、悲、恐、惊，七情过度伤的又是五脏，所以“五劳”和“七伤”实际上是一回事。

“伤五脏”的原因就是“五脏过劳”，导致了“五痨”。从这一点看，“七伤”和“五劳”是一回事。

4. 很多疾病的根源是心理问题

既然“七伤”和“五劳”是一回事，为何又要分开说呢？

因为五劳指代的是“身”，是肉体，是有形；七伤指代的是“心”，是情感，是无形。佛教说“身心不二”，道教讲“性命双修”，医家说“身心同治”，在中国的传统文化里“身和心”这两者是连为一体的。

中国古人的这种认识已经在现代医学体系中得到了确认。资料显示，在综合性医院的初诊病人中，有近1/3的患者所患的是与心理因素密切相关的躯体疾病。但可惜的是，非精神科医生很少关注这些患者的心理因素，也很少把这些他们认为是内科的疾病看成与精神科相关，因此患者往往接受的是躯体治疗，而心理社会因素方面很少得到关注。

现代医学研究发现，胃肠道是最能表现情绪的器官之一，焦虑、抑郁、愤怒等情绪都可使消化活动受到抑制，导致呕吐、腹泻、便秘等情况。

患者出现腹泻，如果是情绪失常引起的，一般来说不必吃药，情绪调节才最重要。

每个人在一生中都在以不同形式表达他们的存在和存在的艰

辛，生病也是一种表达方式。

人的一生，有身体的疾病，也有心理的疾病，身体疾病可引起心理的反应，心理的疾病也可以引起身体的反应，二者是相互影响的。

有一些躯体症状并没有器质性的病变，它们主要由心理情绪问题引起，或者说心理情绪问题用躯体症状来表达，这就是所谓躯体化的问题。就是这样一种现象：患者自觉有很严重的躯体症状，如头痛、乏力、失眠、身体不舒服、工作效率下降等，但在相应的医学检查却没有发现明显的病理改变，又或者，临床检查中发现的病理改变不足以解释患者自觉症状的严重程度。出现这种躯体化的深层次原因在于心理问题长期压抑得不到解决。

5. 膀胱经所揭示的身心奥秘

其实，“身”和“心”的奥秘早就被古人绘在了一张图中，什么图呢？经络图，足太阳膀胱经图。

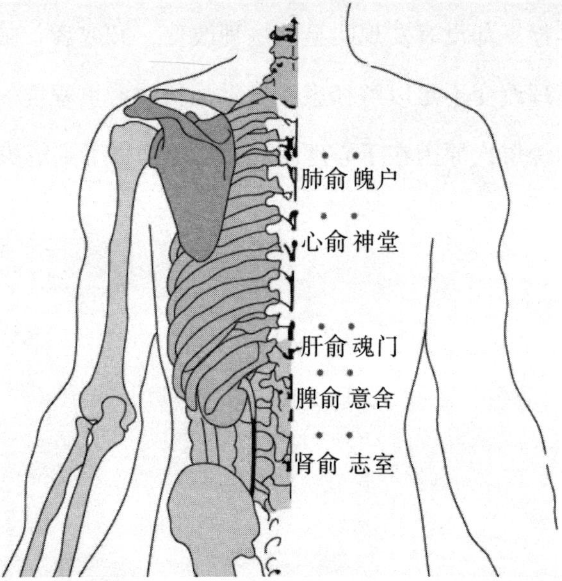

膀胱经在背部一分为二，象征着生命是由“身”和“心”组成的，过了背部又合二为一，说明“身”和“心”是不可分离的。

“肺俞”穴对应“魄户”穴，肺藏魄，主忧；

“心俞”穴对应“神堂”穴，心藏神，主喜；

“肝俞”穴对应“魂门”穴，肝藏魂，主怒；

“脾俞”穴对应“意舍”穴，脾藏意，主思；

“肾俞”穴对应“志室”穴，肾藏志，主恐。

魄、神、魂、意、志，合起来叫做“五藏”，“五藏”就是“五脏藏神”的意思。这个概念来自于“道教医学”，也就是“道医”，道医是中医的重要组成部分。

道教有一部经典叫作《太乙金华宗旨》，书里面把“神”分为了“元神”和“识神”。“元神”就是“五藏”，也就是我们常说的“潜意识”；“识神”就是“五志（五种情志）”，也就是我们常说的“显意识”。

潜意识决定着显意识，同样道理，五藏也决定着五志。大家都公认，哥白尼、达尔文和弗洛伊德用他们的宇宙中心法则、生物进化论和潜意识理论让人类一步一步地更清楚地认识自己。可是，很多人并不知道，弗洛伊德潜意识的理论，其实是受到了中国道教的影响，是道教对“识神”和“元神”的区别丰富了弗洛伊德和荣格的精神分析学说，并促进了精神分析学派的形成。

转肩转头的动作，通过刺激膀胱经来达到调节身心状态的效果。

6.“撞墙”锻炼背部的方法

背部是人体穴位最多的部位，通过肩胛的一挤一压、一松一展和两手从上而下的按摩，可以刺激背部的很多穴位，进而可反射性地刺激神经系统，尤其对中枢神经系统的平衡有良好的调节作用。其功能一是舒经活络，使血液通利、肌肉放松，有利于防治腰酸背痛及腰肌劳损；二是促进血液循环，调节神经机能；三是增强人体免疫功能，防癌抗癌。研究发现，经常捶背可以促进脑腺肽的分泌，而脑腺肽具有很强的抗病毒、抗毒素和抑制细胞变异的作用，因此可有效地增强人体免疫力和防癌抗癌能力。

民间一直流传有“撞背”的健身方法，原理也是如此。福建七旬老人连水德，长达15年“撞墙”健身惊动医学界，他还在央视四套“国际频道”中文版《中华医药》栏目中美美地秀了一回他的“撞墙”神功。

具体做法：在离墙10～15厘米处站立，全身自然放松，用背部向后撞击墙壁，待身体弹回后再撞击，约一秒钟撞一下，并随着节奏自然呼吸。碰撞的顺序依次是上背部、腰和下背部、左右肩胛和左右侧背，争取整个背部全部撞到。撞击时，动作要有力但不可过猛，保持协调均匀。撞击上背可以刺激到主治肺部疾病的肺俞穴、主治心脏疾病的心俞穴、能宽胸理气的督俞穴以及理血、宽中、和胃的膈俞穴等；撞击腰和下背可以刺激主治肝脏疾病的肝俞穴、主治胆囊疾病的胆俞穴，还有健脾、和胃、化湿的脾俞穴等；撞击左右肩胛上的穴位，对治疗头面部疾病、颈椎病、肩周炎有特效；撞击背的侧部能够宽胸理气，治疗肋间疼痛。

此外，向后撞击颈肩部的大椎、风门等穴位，可以治疗颈椎病以及颈肩综合征。背部撞墙法虽然很简单，但在锻炼的过程中也要注意循序渐进，一开始最好只做 5 ~ 10 分钟，再渐渐延长到 30 分钟左右。

五、摇头摆尾去心火

『摆尾』的动作通过运动盆腔提升和运化人体的肾精，精是生命存在的物质基础和能量源泉，精存于盆腔、气存于胸腔、神存于颅腔，通过摆尾促使精周流全身，使生命更具活力。『摇头』的动作可以有效改善头颈部的血液循环、活化脑部细胞、增强颈肌力量、增大颈部活动度，还可以活动颈椎各个关节，恢复或改善颈椎生理曲线和力学平衡等，有助于治疗或预防颈椎病。

1.“摇头摆尾”怎么做

从托球桩开始。（图 5–1）

首先，左脚开步两倍于肩宽，同时两手从两侧上举，收至头顶，再屈肘下按，手掌置于大腿上，同时下坐屈膝，目光平视。（图 5–2 ~ 图 5–5）

图 5–1

图 5–2

图 5–3

图 5–4

图 5–5

其次，随着吸气，头和臀向一个方向摆动，低头，目光要看到臀部，两臀夹紧，肛门上提，两膝固定，不要移动，十个脚趾抓地。（图 5–6）

最后，随着呼气，头和臀还原到原来位置，肛门放松，全身肌肉放松（图 5–7）。然后再开始另一侧动作，依次循环。

图 5–6

图 5–7

扫码观看“摇头摆尾去心火”
动作视频

2. 肾水逆流而上，生命才有活力

灭火要用水，灭“心火”呢？还是要用水，这个水可不是一般的水，是“肾水”。五行的木火土金水，配合五脏为肝心脾肺肾，肾在五行属水，叫作肾水。和水相对的是火，心在五行属火，所以叫作心火。

五行	木	火	土	金	水
五脏	肝	心	脾	肺	肾

按照《易经》的说法，肾水的卦象是“☵”，叫作坎卦，把坎卦旋转 90°，就变成了“⦚”，所以坎卦代表的是水，就是肾水。水的特征是往下流，可是火在上方，如果要灭火，水一定要往上流，逆流而上，怎样才能做到“逆”呢？

首先，要采用逆腹式的呼吸方式。中国道教中有专练“内丹”的一派，称为“丹道”，北宋时期的著名道士陈抟提出了一个响亮的口号：顺则成人、逆则成丹。也有人把这句话叫作：顺则成人、逆则成仙。不管怎么说，都是提倡“逆”

的状态，“逆生长”，越活越年轻，永远保持生机勃勃的状态，就像老子在《道德经》里推崇的婴儿状态一样，永远不会老去。

丹道修炼有十六字要诀，每一个字都像金子一样珍贵，所以也被尊崇为“十六锭金”：一吸便提、气气归脐、一提便咽、水火相见。这说的就是“逆腹式呼吸”的状态。

吸气的时候要上提会阴、内收肚脐，意念从会阴提一口气到肚脐；同时鼻子吸气，意念把吸入之气落到肚脐；两气交汇于肚脐，这就叫作“气气归脐”。

上提的是“肾水”，下落的是“心火”，一吸一呼，这就叫作“水火相见”，也叫作“心肾相交”。火性炎上是离卦☲，水曰润下是坎卦☵，火在上、水在下，火往上走、水往下流，是分离相，是“未济卦”䷿，代表着不和谐；水在上、火在下，水往下流、火往上走，是交合相，是“既济卦”䷾，代表着和谐。经常熬夜的人睡眠不足，不能充分地滋养肾水，水和火不能保持平衡，水少了，火就冒出来了，就会出现“上火”的症状。

肾在五色属黑，年纪越大肾水越少，黑发也就慢慢变白了；肾主骨，齿为骨之余，肾水少了，牙齿也容易松动脱落；合起来就叫作“齿摇发坠”，与年龄有关，更与肾水的减少有关。

与“心肾相交”相反的一个状态是“心肾不交”，这是中医上的一种病症，临床表现是心烦失眠、心悸不安、眩晕耳鸣、健忘多梦、五心（两手心、两脚心及心口）烦热、咽干口燥、腰膝酸软、潮热盗汗等症，多见于神经官能症及慢性虚弱病人。

对这一类患者可采用逆腹式呼吸方式进行锻炼，行、走、坐、卧的姿势都可以，总的要求是身体要放松、自然，然后把注意力集中在鼻呼鼻吸上面，用心感受腹部的一起一落。如此反复，可促使心肾相交。

3. 摆动尾闾，刺激肾水上升

尾闾穴就是长强穴，在尾骨尖端下，尾骨尖端与肛门连线的中点处。取穴就取在“尾骨尖与肛门中点”。在中医治疗实践中，尾闾穴主要治疗和肾相关的病症。

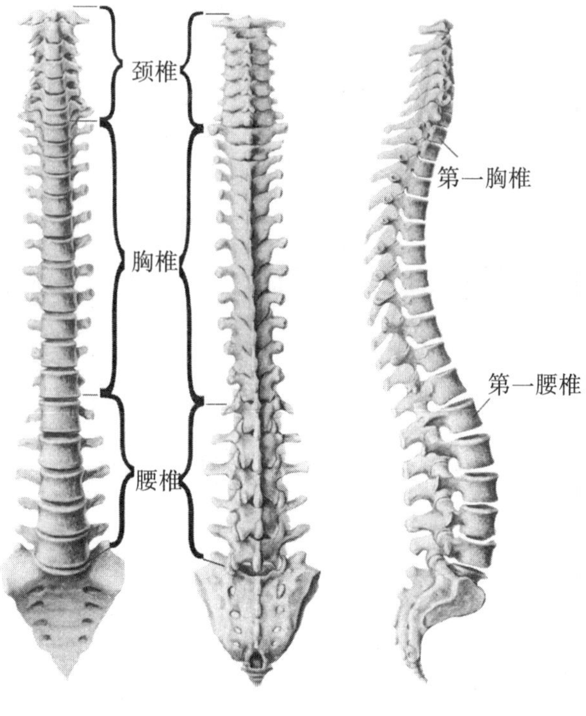

摆动尾闾，实际上摆动的是“骶椎和尾椎”，带动的是“腰椎”。摆动尾闾，必须要夹紧臀部、收缩会阴、收紧腹部、放松腰部，同时，双脚分开微屈膝，保持两个膝盖固定、胸椎固定，主动运动的是“盆腔”。

从解剖学来说，盆腔的位置即老百姓所说的“小肚子”，男女都有盆腔，由于男性的腹膜是封闭的，盆腔与外界不相通，不容易感染，所以很少听说男性盆腔炎，所以很多人就觉得男性没有盆腔，其实不是的，男性的膀胱、前列腺、直肠都在盆腔中。

不管对男性来讲还是对女性来说，盆腔都是生儿育女的基地。人们常说：天有三宝日月星、人有三宝精气神，“精”就藏在盆腔，是生命的能源基地。

道家修炼的次序是：炼精化气、炼气化神、炼神还虚，是按照“精→气→神”的顺序由下而上、逆流向上的。首先练的就是“肾精”“肾水之精”，然后让肾水逆流而上，最后转化为气、转化为神。所以摆动尾闾，运动尾椎、骶椎、腰椎和盆腔，刺激肾水上升，可以促使人体能量的生发。

中国人讲的尾闾和印度瑜伽的海底轮其实是一回事，只是用了不同的表述。

海底轮是中脉最下方的轮脉，同时也是最基础的轮脉。它是人体整个能量系统的根，所有的能量都经由海底轮出发。在瑜珈学派的理论当中，把它描述为拙火（kundalini）沉睡之处，一旦拙火苏醒，便会沿着中脉上升到达顶轮。

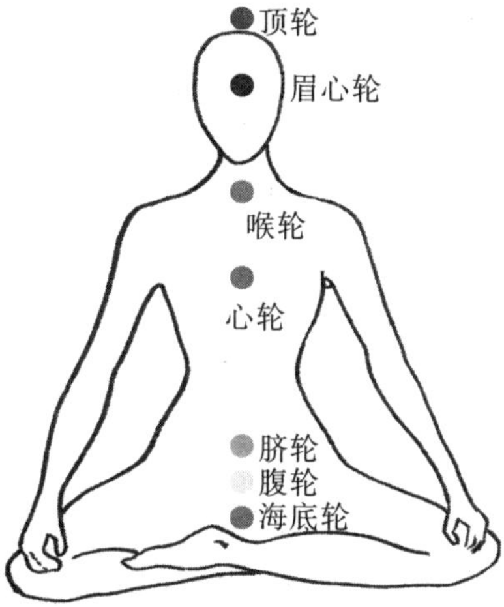

4. 骨盆是人体的底盘、健康的底座

如果把人体比喻成一辆汽车，那骨盆就相当于车的底盘，上面托着所有的器官系统，尤其是脊柱和脊柱相连的所有组织器官系统，一旦骨盆出现哪怕是细微的变形或是移位，与之相联系的各大系统必然出现相应的异常变化。

摆动尾闾是一个让骨盆正位的运动。骨盆的歪斜可说是“下”梁不正“上”梁歪，因为骨盆错位会导致脊椎歪斜，引起身材的变形走样，不仅影响仪态美，更重要的是，骨盆一边高一边低导致脊椎被旋转错位，压迫到脊椎神经。而我们知道，人体的神经是生命信息的传导者，不但负责四肢肌肉关节，也负责所有的内脏、血管和腺体器官。所以当脊椎神经受到压迫，信息传导受阻，不仅造成各种痛症和运动功能障碍，还会引起内脏功能失调。

测一测，你的骨盆歪不歪：

(1) 左侧腰和右侧腰的曲线弧度不同。

(2) 双腿长度不同。

(3) 从正面看，双肩高度不同。

(4) 从正面看，脖子向左 / 右倾斜。

(5) 自然垂直双臂时双臂长度不同。

（6）分别向身体两侧弯腰，两手掌心向下能摸到的最低位置不同。

（7）左右鞋跟磨损度明显不同。

（8）双腿容易浮肿或发麻。

（9）站立的时候，总把重心放在同一只脚上。

骨盆不正会压迫坐骨神经，因为坐骨神经是从骶骨两侧的四个洞伸出来穿出骨盆后伸向大腿、小腿直至5个脚趾的末梢。中医称这四个洞为“八髎穴”（照镜子能看到臀部脊骨两侧出现四个凹陷的坑便是）。

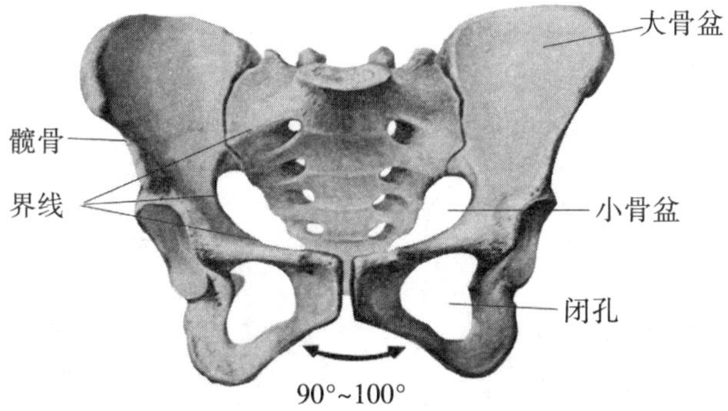

耻骨下角

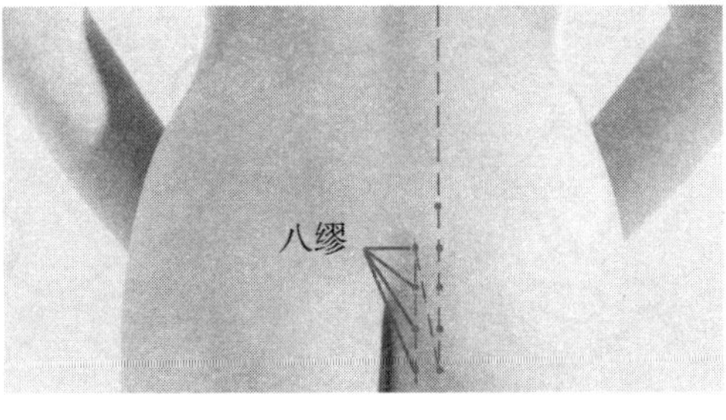

坐骨神经受到挤压后，人会感到腿脚麻木无力，甚至行动困难，其症状反应比单纯的腰椎间盘突出症要强烈。腰椎间盘突出通常发生在第四、五腰椎，它压迫的是股神经，大腿不适的感觉比较明显，这其中的区别也要靠自己的感觉去分辨，搞清楚自己身体的不适是由腰椎还是由骨盆引起的。

骨盆歪了以后，坐骨神经从此开始受到挤压，一两年、三五年，甚至更长时间后，双腿无力、沉重、麻木、疼痛的症状逐渐开始显现，且日趋严重，腰椎也随着发生了变形。多数人误以为是腰椎出了毛病，去医院做 B 超或者 CT 扫描，医生们也比较注重腰椎有没有病变，而忽视对骨盆的观察。即使 X 光片上显现出骨盆歪了，但是诊断报告上只有对腰椎的检查结论。

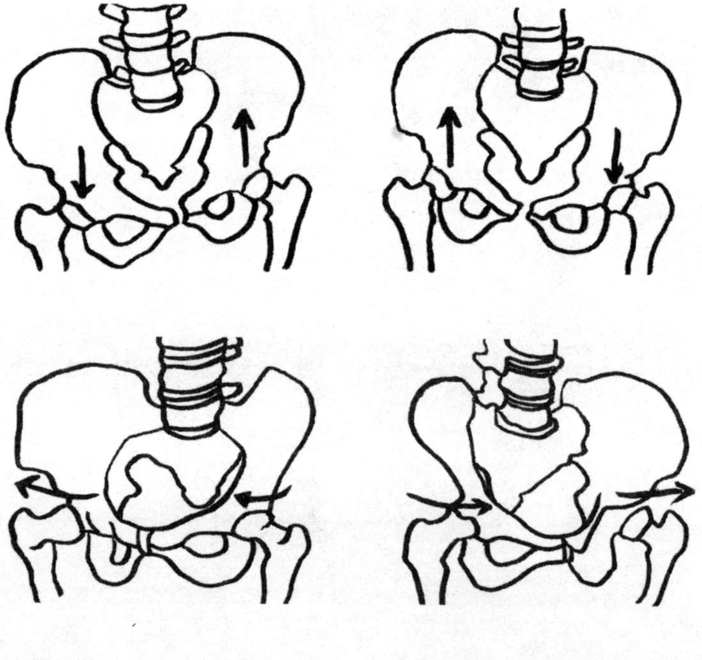

5. 谷道宜常撮——提肛锻炼法

"养生十六宜"是中国古人养生经验的智慧结晶，其中有一条叫作："谷道宜常撮"，谷道，俗称肛门。撮，即收缩，通俗地讲，就是做收缩肛门的动作。唐朝医学家孙思邈极为推崇此法，他在《枕中方》一书中规劝世人："谷道宜常撮"，认为肛门周围的肌肉要间歇性地处于运动状态才能养生健体。

古人将撮谷道的方法概括为"吸、抵、撮、松"四字诀，具体做法：盘坐，单盘、双盘、散盘都可以，全身放松，上体正直，意守丹田，随着吸气，两臀夹紧，舌抵上腭，同时向上收提肛门；随着呼气，舌头下落，臀部和肛门放松。

现代医学也认为：包括大肠在内的肛门及周围的提肛肌和肛门括约肌至少每天要间歇收（提）缩一百次，每次1~2分钟。如大便后，要及时做提肛运动，并将提肛时间延长到2~3分钟。这样既有利于控制排便的肛门外括约肌功能的快速恢复，又能预防外括约肌破损而引起大便失禁等病症。这叫作：日撮谷道一百遍，治病消疾又延年。

六、两手攀足固肾腰

『两手攀足』和『引腰上举』的动作可以锻炼腰椎，中医上认为腰为肾之府，所以注注将腰肾相连。拉伸腰椎和按摩腰部可以使皮肤里丰富的毛细血管网扩张，促进血液滴环，加速代谢产物的排除，又可刺激神经末梢。对神经系统的温和刺激，有利于病损组织的修复，提高腰肌的耐力，对慢性腰肌劳损、急性腰扭伤可起到较好的防治作用；对于椎间盘突出症、坐骨神经痛等病也有一定疗效。

1. 两手攀足，引腰上举，保养脊柱

第一，从马步开始，两手从两侧上举至头顶，至与肩同宽，两臂伸直，两肩下沉，同时收左脚至与肩同宽，两腿自然伸直，目视前方。（图 6–1 ~ 图 6–3）

图 6–1

图 6–2

图 6–3

第二，屈肘下按至腋前，翻转手心向上，腋下反穿，双手按在肩胛骨下、脊柱两侧，手指朝下。（图 6–4~ 图 6–7）

图 6–4

图 6–5

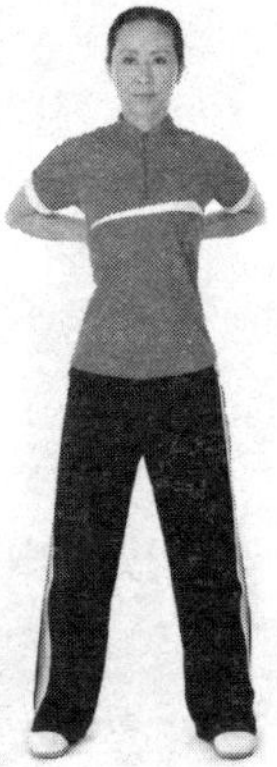

图 6–6

图 6–7

第三，双手用力顺着脊柱两侧向下按摩；手臂伸直以后，身体随着双手的继续向下按摩而前俯，一直到两手经过臀部、大腿后侧、小腿后侧，到达脚后跟。（图 6–8、图 6–8 附图、图 6–9）

图 6–8

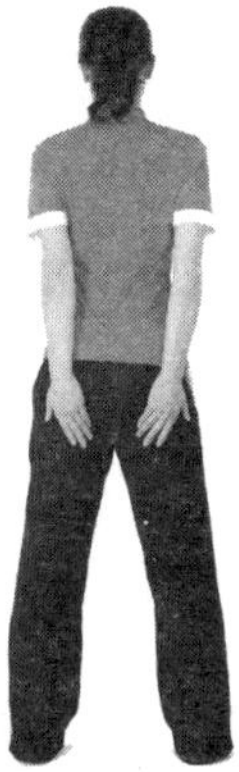

图 6–8 附图

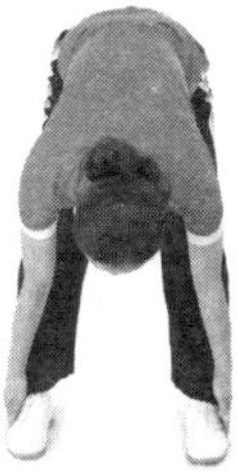

图 6–9

第四，两手经两侧摆至脚面上方，同时抬头、塌腰，重心前移，拉伸大腿后侧和脊柱，目视前下方。（图 6–10 ~ 图 6–12）

图 6–10

图 6–11

图 6–12

第五，两手前伸，慢慢上举，至手臂与地面平行，同时低头，手臂、头和背部成一直线，与地面平行。（图 6–13、图6–14）

图 6–13

图 6–14

第六，把力点集中在指尖，以指尖带动手臂，继而带动身体，慢慢上举，至两臂举至头顶上方，手心向前，手臂伸直，目视前方。（图 6–15、图 6–16）

转手心相对，再开始下一个循环。

图 6–15

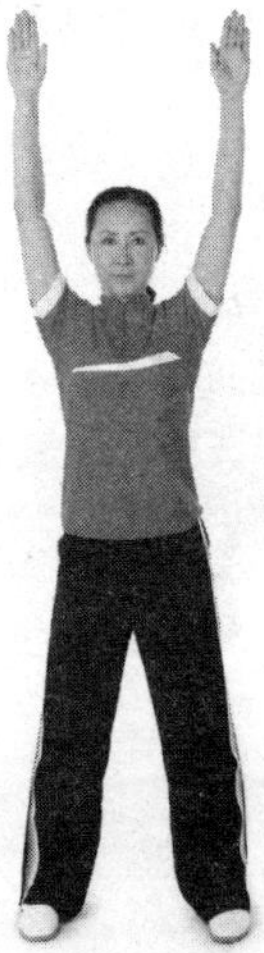

图 6–16

扫码观看“两手攀足固肾腰”
动作视频

2. 生命的过程就是肾气盛衰的过程

繁体字的肾写作“腎”，从月，“月”的意思是“肉”，从臤（qiān），“臤”的意思是“牢牢地掌握着手下”，合起来，“腎”的本意就是“人体的总抓手”。

从中医学的观点来看，人体的生长发育主要靠肾来维持，一个人从生下来开始到他的童年、少年、青年、壮年直到老年，实际上就是一个肾的精气盛衰的过程。

人从小的时候直到青年时期，其精气逐渐达到一生的高峰，过了青年时期，从中年、壮年逐渐到老年，肾的精气开始逐步削弱下来了，把这个过程画成一个正弦曲线的样子如下图所示。

人们常说的“未老先衰”，指的是这个人肾中的精气早衰了，那么“延年益寿”就是要使精气比他的正常值更加旺盛，才能达到延年又益寿的目的。自古以来，长寿的秘诀也好，秘方也好，基本上就是从肾这个角度出发的，换句话讲，“肾是长寿的基础”，这就充分体现出肾和人体生长发育的密切关系。

3. 脊柱变短，腰椎受压，引起肾虚

《黄帝内经》上说：腰为肾之府，腰和肾之间存在着密切的联系，所以一提起“腰酸”“腰痛”，很多人马上就会想问医生：是不是肾虚了？

实际上，患者有腰部酸困、疼痛、下肢乏力，同时有头昏眼花、肢冷怕凉、五心烦热等一系列症状，中医才称之为“肾虚性腰痛”。一般来说，青壮年引起腰痛的主要原因是损伤性的；中老年人腰痛才可能与肾虚有关。

有一个谜语，谜面是：早上四条腿走路、中午两条腿走路、下午三条腿走路，打一动物；谜底是：人。人到老年，拄拐而行，就相当于三条腿走路。不仅是拄拐而行，人到老年还往往个头也变矮了，腰也挺不直了，这是怎么回事呢？

如果你早晨起来的时候把身高量一量，晚上睡前再量一量的话，结果会使你大吃一惊：人的高度竟会在一天里发生变化，变矮了！到了晚上，往往会比早晨矮 1~2 厘米。如果白天走了远路或者干了重活，甚至会缩短 4~6 厘米。这是由于人的脊柱在一天之中长度不同。人的脊柱是由若干骨节组成的，而连接这些骨节的是软骨，也就是结缔组织，软骨是有弹性的，受挤压就会变形。

当你早上起床的时候，经过了一夜的休息，在头一天被挤压变短的软骨会恢复原状，身高就比头一天晚上高些。当你开始了一天的活动，由于重力影响，脊柱会因为承受上体的重量而逐渐被挤压，相对的，长度就会变短，人就变矮了。一般来说，人早上最高，中午次之，晚上最矮。各时段的高差在 0.4 厘米左右，所以一个人早上会比晚上高 1 厘米多。

同样道理，随着年龄的增长，椎间盘缓慢脱水，厚度变薄，23 个椎间盘每个变薄 1 毫米，整体脊柱就会变短 23 毫米，也就是 2.3 厘米，意思就是身高减少了 2.3 厘米。

同时，椎间盘缓慢脱水变薄，造成脊柱周边韧带松弛，使得腰椎不稳，也容易患上腰椎间盘突出症等。

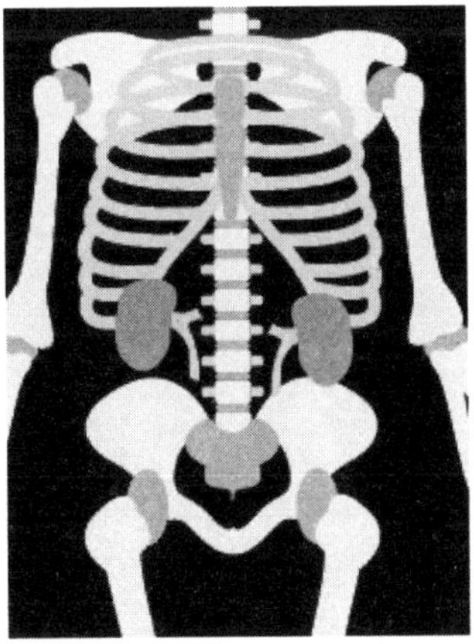

由于肝脏的关系，左肾比右肾高 1~2 厘米。两肾所处的空间与脊柱的形态有直接的关系，从解剖学的位置来看，两肾基本位于第十一胸椎和第二腰椎之间。

所以，当脊柱特别是腰椎受压缩短时，两肾的活动空间就变小了。《黄帝内经》上说：腰者，肾之府。意思是“腰是肾的家”，家里够宽敞，住人才舒服，要让肾住得舒心，就一定要保持腰椎的柔韧有弹性，维持足够的延展性。

随着年龄的增长，脊柱变短，腰椎受到压迫，肾的活动空间也变小，肾的生理功能的发挥也受到影响，人体就慢慢出现“肾虚”的各种症状，究其原因，是“腰”出问题了，所以中医说“腰为肾之府”。

拉伸腰椎、骶椎和尾椎，乃至于整条脊柱，能够给肾脏以充分的活动空间，让肾脏伸个懒腰！

4. 按摩膀胱经可以排出身体毒素

肾与膀胱相表里，从解剖学上讲，膀胱是泌尿器官，是人体排泄废物的重要通道。从中医来看，膀胱经作为人体最长的一条经络，作为具有最多穴位的一条经络，也是人体重要的排毒器官。

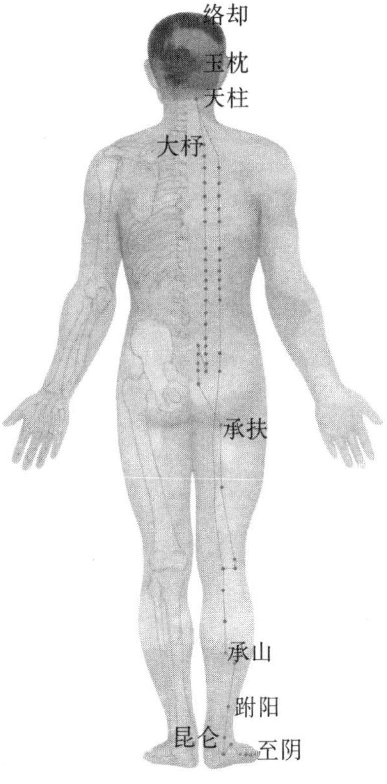

肾在五行属水，膀胱也属水，水的特性是往下流，所以膀胱经的走向是从头部沿着背部、大腿后侧一直到脚后跟，像水一样从上往下流下来。膀胱经排毒，也是从上往下进行，如刮痧、捏脊，就要顺着膀胱经从上而下。

膀胱经就好比一个城市形形色色的排污管道，集合各个企业、民宅的污水，最后汇集到膀胱（污水储存站）排出。所以，要想去除体内之毒，膀胱经必须畅通无阻。

我们可以采用从上到下的按摩法来疏通膀胱经。两手从胸前、腋下向后伸出，抚在脊柱两侧、肩胛骨下，手心向里，手指向下，稍用力，从上一直向下按摩，随着手臂伸直，身体自然前俯，两手一直按摩到脚后跟。

5. 腰背痛可以通过按压委中穴缓解

中医自古流传下来的“四穴总歌”说：肚腹三里留，腰背委中求，头项寻列缺，面口合谷收。

人身前面的疾患，如脾、胃、大肠、小肠功能失调出现的肚腹疼痛、呕吐、胃痛、腹泻等症，应首选足三里穴治疗。

人身头颈、胸肺部位的病变，取列缺穴为主治疗，具有疏解风寒、清肺止咳的作用。

人身头面的疾患，主要是口及颜面部的病症，可取合谷穴为主治疗。

人身后面的疾患，主要是腰背部酸痛等，应取委中穴为主治疗。

委中穴在腘窝正中，中医认为：委中穴为膀胱经气血汇合而成，故为膀胱经“合穴”，在中医的临床实践中，合穴主要用于六腑病症，所以膀胱经的问题可以通过委中穴来缓解甚至治疗，这就有了“腰背委中求”这句话。腰部、背部的问题，都可以通过按压委中穴来治疗。

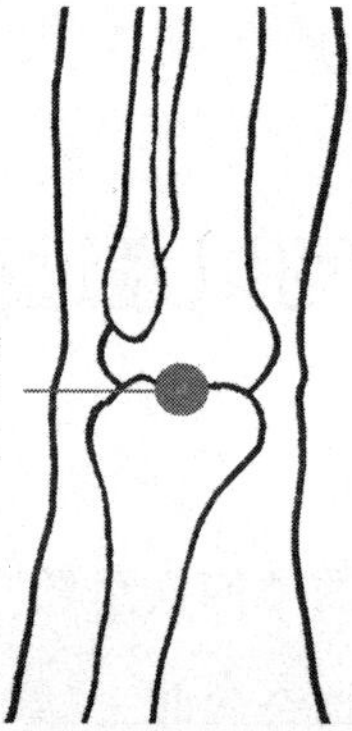

两手攀足，就是两手“向下攀登”直到足部。柔韧性差一些的人在做这个动作的时候，会明显感觉到大腿后侧有拉伸感，甚至疼痛感，尤其是在委中穴这个位置。如果仔细观察，这种人的委中穴不是正常的凹陷状，反而是凸出的外鼓状，这种情况一般都说明有腰痛的症状存在。

如果要加强锻炼效果，在按摩膀胱经的同时，还可以反复按压委中穴。

6. 动作力点在手指尖，以手带腰，拉伸腰椎

多数腰椎病是由于腰椎间盘长时间受到压迫所致，所以在医院里用“腰椎治疗牵引床”对患者进行牵引治疗，通过机器的反方向的力量，向两个相反的方向拉伸腰椎，使腰椎间的空隙放大，压迫得以缓解。

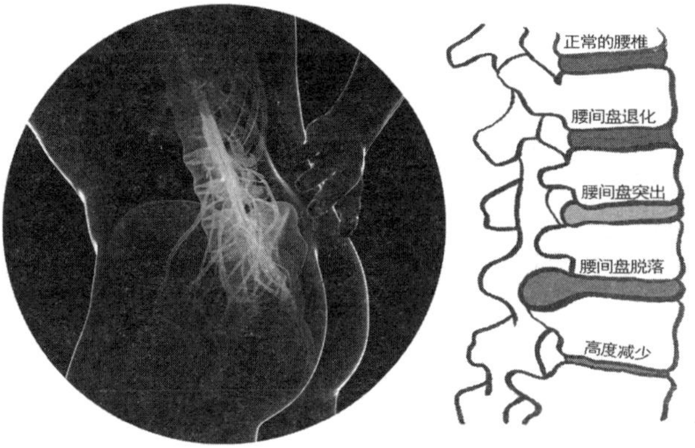

多数腰椎病由压迫所致

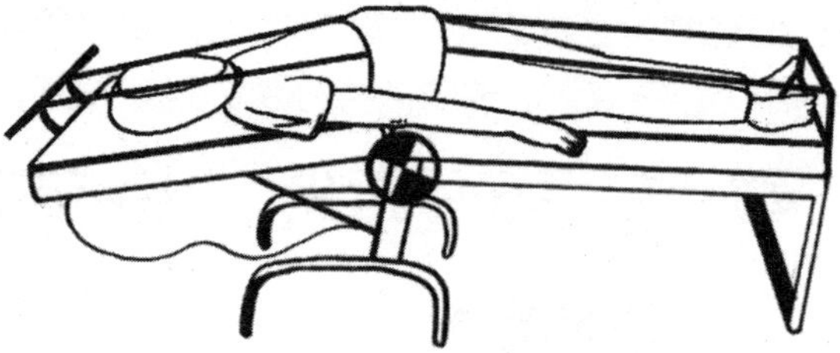

下调角牵引模式

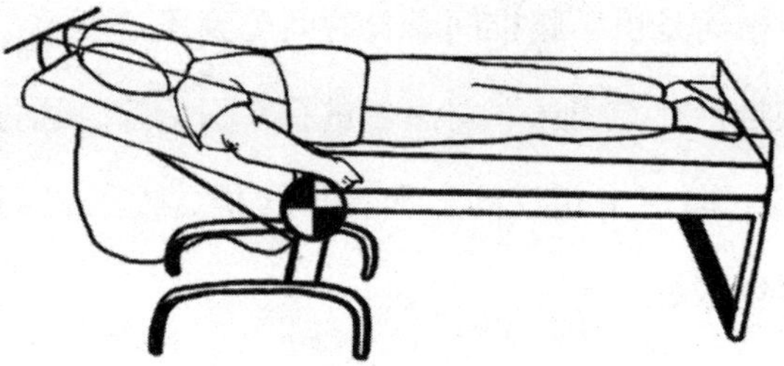

上调角牵引模式

在做这个动作的时候，很多人照着葫芦画瓢，两手上举，慢慢起身，却忽略了一个很重要的要领：动作的力点在哪里？就是在手指尖，要以手指尖带领手臂慢慢上举，才能起到拉伸腰椎的作用，才能使腰椎间的空隙放大，不至于压迫到神经。

七、攒拳怒目增气力

『攒拳』就是『冲拳』，前顶后拉的冲拳练习要求松紧结合、刚柔相济，可以起到柔筋养精的作用。『怒目』就是睁大眼睛，目为肝之外候、肝开窍于双目，怒目是为了疏泄肝气。肝主筋，筋主力气，冲拳和怒目可以养肝、养筋，增加手指的握力和脚趾的抓地能力，保持机体的年轻态。

1. 怎样“攒拳怒目”

“两手攀足固肾腰”的最后一个动作结束以后，两手往前往下落，边落边握拳，同时出左脚至两倍肩宽，下坐屈膝，两拳收至腰间，目光平视。（图 7–1、图 7–2）

图 7–1

图 7–2

攒拳就是“握固冲拳”。首先是抱拳于腰间，准确地讲，是抱拳于肝经的章门穴。

屈肘合腋时，拳心正对的地方就是章门穴。“章门”就是一扇门，是肝经之气进出身体的门户。所以握固放在章门穴，可以固肝气。

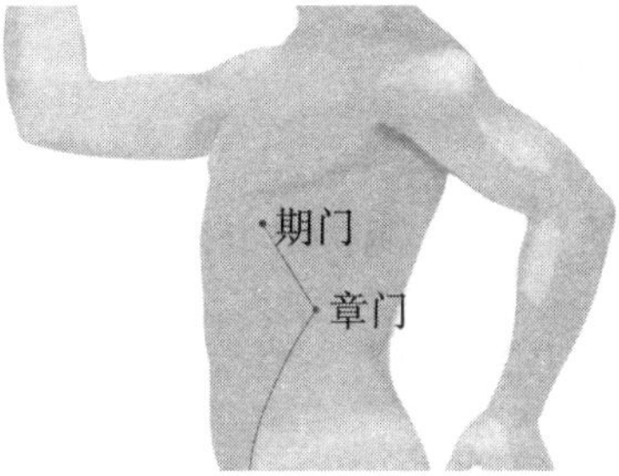

两手握固，手心向里，贴在章门穴。然后向前冲拳，拳眼向上，拳面朝前，拳面好像顶着很重的东西，十个脚趾抓地，全身收紧，咬牙怒目，目随手走。（图 7–3）

图 7–3

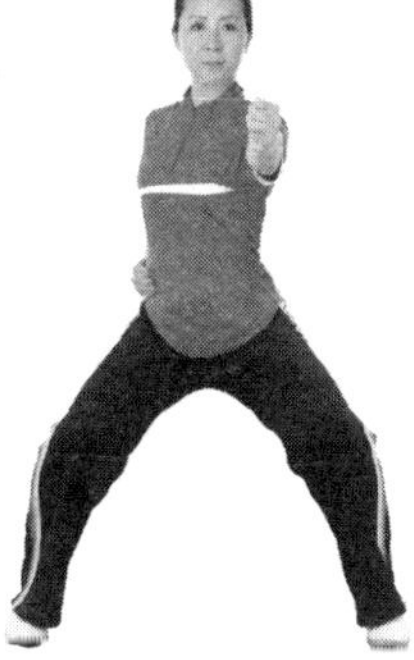

图 7–4

顶到肘关节超出身体这个平面，脚趾放松，手臂放松，眼神放松，手臂慢慢伸直。（图 7–4）

然后松拳变掌，拇指向上，再向里旋转拇指向下，手臂拧转。（图 7–5、图 7–6）

图 7–5

图 7–6

接着，沉肩、坠肘、旋腕，转手心向上，扣拇指，依次扣四指，成握固的手型。（图 7–7~ 图 7–12）

图 7–7

图 7–8

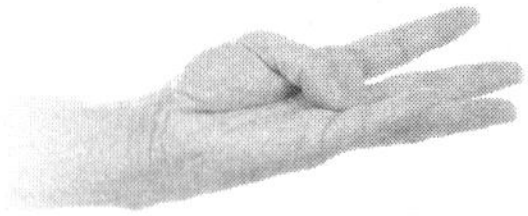
图 7–9

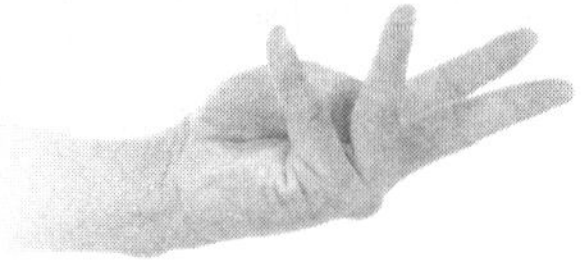
图 7–10

图 7–11

图 7–12

然后屈臂，好像拽着很重的东西向后收，咬牙、怒目、目随手走，同时脚趾抓地。（图 7–13）

肘关节超过身体这个平面后，全身放松，目视前方，收拳于章门穴，同时两腿伸直。（图 7–14）

图 7–13

图 7–14

接着做右侧动作。注意冲拳时，两腿慢慢屈膝下蹲，至半蹲状态；收拳时，两腿慢慢伸直。

扫码观看“攒拳怒目增气力”
动作视频

2.“握固”是复归婴儿状态，使人魂魄合一

攒拳，就是冲拳的意思，但这个拳，和武术中的拳不一样。下面的图是武术拳。

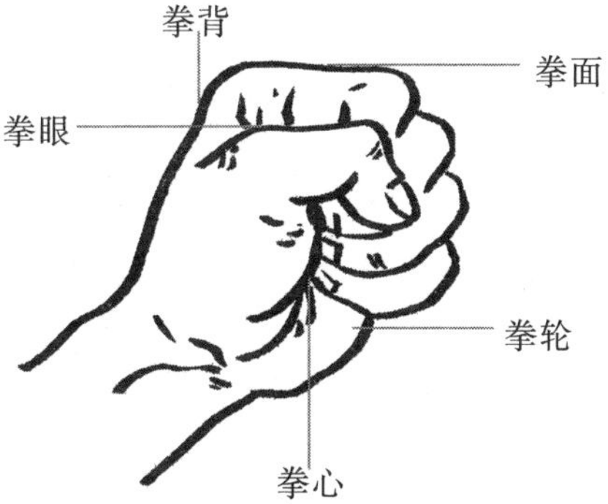

武术拳

武术的握拳，拇指要压在食指和中指上面。但是八段锦中的握拳，却是拇指要握在手心里。这种握拳，准确名称叫作“握固”。

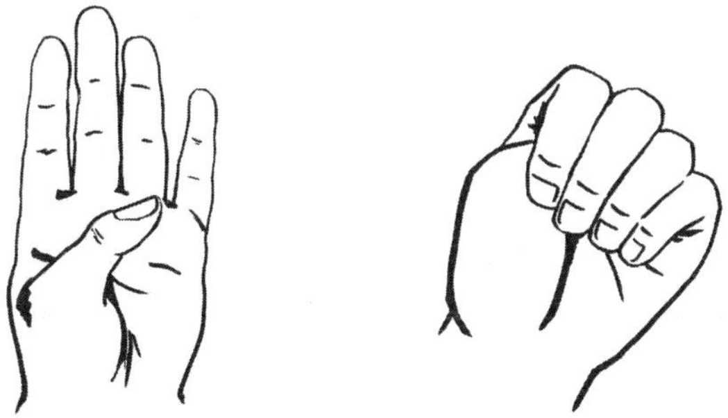

握固

握固，这个词出自老子的《道德经》第五十五章，老子在这一章里描绘了初生婴儿的种种状态，其中写到初生的婴儿：骨弱筋柔而握固。意思是说，初生的婴儿筋骨很柔弱，但是握拳却握得很紧很紧，小拳头握得牢拽都拽不开。从此，这种手型就有了一个专有名词，叫作握固。由于《道德经》在道教中的地位崇高，握固也因此成为了道士修炼中较为常用的一个手型。

人，生而能握，死而撒手，握固而来，撒手而去，一握一放，竟是人生的一个缩影。

为什么要生而握固呢？南北朝时著名的道士陶弘景在《养性延命录》这本书中写道，握固的作用是：拘魂门、制魄户。

“魂门”和“魄户”都是人身上的穴位。从经络图上可以看到，“魂门穴”对应“肝俞穴”，“魄户穴”对应“肺俞穴”，“魂门穴”与肝相关，“魄户穴”与肺相关，这就是《黄帝内经》中“肝藏魂、肺藏魄”所表述的意思。

春秋战国时期的著名史书《左传》上记载：“心之精爽，是谓魂魄。”（《左传·昭公二十五年》）唐朝著名的经学家孔颖达解释这句话：“魂魄，神灵之名，本从形气而有；形气既殊，魂魄各异。附形之灵为魄，附气之神为魂也。附形之灵者，谓初生之时，耳目心识、手足运动、啼呼为声，此则魄之灵也；附气之神者，谓精神性识渐有所知，此则附气之神也。”意思是说，魂是阳气，构成人的思维才智；魄是阴气，构成人的感觉形体；魂魄（阴阳）协调则人体健康。

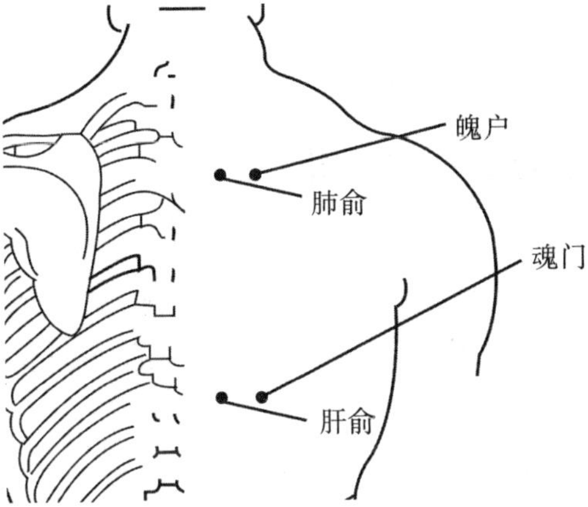

“拘魂门、制魄户”的意思是说“握固”这个手型可以使人的魂魄合一，保持神志清醒，具备正常的理智和情感。

3.“掐指一算”怎么掐

在道教的“十二地支手诀”中，无名指指根对应的是“子”。

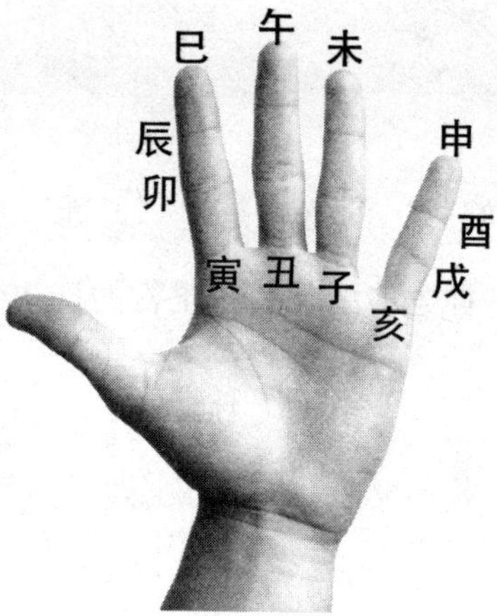

子时是晚上 11 点到凌晨 1 点，这是一天当中最黑暗的时刻，但黑暗之中孕育光明，这个光明就是一点阳气，虽然微小，却开始慢慢生长，就像初生的婴儿，虽然柔弱，却在一天天长大。道士子时握固入静练功，被称为“守子时”，守的就是这一点阳气；也被称为“活子时”，取“养活这一点阳气”的意思。所以小孩子生下来就握固，握的就是“阳气”，握在无名指指根，说明他的生命才刚刚起步。

晚上11点，相当于阴历的11月，相当于节气中的冬至，对应的也是子，阳气开始生发，对应的卦象是䷗，最下面是“阳爻”，阳气从下往上开始萌发。

地支	寅	卯	辰	巳	午	未	申	酉	戌	亥	子	丑
纪月	一月	二月	三月	四月	五月	六月	七月	八月	九月	十月	十一月	十二月

廿四节气	大雪 冬至	小寒 大寒	立春 雨水	惊蛰 春分	清明 谷雨	立夏 小满	芒种 夏至	小暑 大暑	立秋 处暑	白露 秋分	寒露 霜降	立冬 小雪
农历月份	十一月	十二月	正月	二月	三月	四月	五月	六月	七月	八月	九月	十月
卦名	复卦	临卦	泰卦	大壮	夬卦	乾卦	姤卦	遁卦	否卦	观卦	剥卦	坤卦
卦象	䷗	䷒	䷊	䷡	䷪	䷀	䷫	䷠	䷋	䷓	䷖	䷁

按照“子午流注学说”，不同的时辰经络气血的盛衰也不同，子时是胆经气血最盛，肝胆相照，肝和胆相表里，所以，拇指指尖抵在无名指指根，拇指的第一指节抵在中指指根，正好对应着“肝”和“胆”。

肝藏魂，把无名指指根和中指指根紧紧抵住，这就是“拘魂门”。

拇指是手太阴肺经的终点，肺藏魄，把拇指紧紧握住，这就叫作“制魄户”。

4. 人生气时为什么要攥紧拳头、睁大眼睛

人生气的时候为什么要攥紧拳头、睁大眼睛呢？是想要打人吗？

不是！是为了疏泄肝气！

五脏为阴，六腑为阳。肝为五脏之一，所以肝为阴，但是《黄帝内经》上又说肝是“将军之官”，像将军而不是像妇人，那表现出来的就是“阳性”，因此，中医上把肝性归结为“名阴实阳”，或者叫作“体阴用阳”，指的是肝脏实体属阴而功能属阳。

“生气”的“气”是什么“气”？就是肝气，确切说是肝中的阳气上升，一直冲到头顶，感觉头发都立起来了，好像能把帽子顶开。生气发火，人往往感觉面红耳赤、头晕目眩，甚至手脚发抖，这时候血压升高、心率加快，体质不好的人，容易出现心脏病、脑溢血等情况。大家熟知的周瑜，就是生气太过以至于被气死的典型。

《黄帝内经》上说：肝在变，动为握。肝气一变化，首先体现在“握”上。肝气上升，人的本能就是握紧拳头，这个握的作用是要来抵消肝气上升带给人的伤害。同样的道理，睁大眼睛、

瞪圆眼睛，也是为了疏泄肝气。因为肝开窍于双目，眼睛是肝外在的表现。

人在怒发冲冠的同时，还会“握拳怒目”，这两者正好是相对抗的，握拳怒目是在制约怒发冲冠的危害。

5. 指甲上的半月痕越大越好吗

《黄帝内经》上说：肝主筋，其华在爪。在握拳的时候，手指和手腕的运动，就体现了这句话。在握拳之前，要先旋腕，然后收拇指，再从小指开始，依次收起四指。

其华在爪，意思是要锻炼到手指末梢关节，使手指甲血液充足，保持健康的状态。一段时间以来，手指甲上的半月痕仿佛成了体质监测的利器，真的窥甲而能知病吗？

指甲的学名叫作“甲板”，由“甲母质”这个制造基地不断制造新的角蛋白细胞，并保持指甲不断生长形成甲板。甲母质的生长速度是由中央向两边递减的，角蛋白细胞变成半透明和变硬的过程，自然形成弧形的白色和半透明的交界，这就是半月痕。

大拇指的半月痕是最大的，这是因为大拇指使用频率高，磨损快，刺激生长速度也快，甲质变成半透明的时间短了。相反，小指动的最少，生长速度最慢，所以小指基本没有半月痕。

半月痕的形成与人体的健康状况有关，但只适合个人身体情况的纵向对比，就是看个人的半月痕有没有突变，以此来判断是不是这个人的新陈代谢出了问题，而不适合横向对比，因为每个人的体质并不相同，半月痕也不能准确反映每个人的情况，更不可能精确到什么样的半月痕对应那个脏器的问题了。虽然像缺铁性贫血、心衰等病症会使指甲出现明显的异常反应，但是这不能反推。有人认为，手指甲上的半月痕越大代表身体越健康，这种说法并不正确。

6. 睡好觉、闭目养神可以养肝

俗话说：筋长一寸、力大一分。中国文化认为：筋主力气，而肝主筋，所以推论下来，力气大小与肝的功能有关。肝血充足，筋就不会干枯，关节灵活、肌肉有力，动作协调，易于发挥全身整体的力量。这一点对老年人特别重要，研究显示，老年人握力越大，平均寿命就越长，其原因就在于握力反映了肝血是否充足。

肝血要充足，首先在于睡眠的质量如何。“人卧则血归于肝”，睡眠时进入肝脏的血流量是站立时的七倍，肝脏血流量的增加能增强人体的排毒解毒能力，促进新陈代谢。所以要养肝，就要保证充足的睡眠。而且还不能熬夜，晚上十一点到凌晨三点是一天中的子时和丑时，子时对应胆，丑时对应肝，肝胆相照，根据天人相应的中国传统哲学理念，这个时刻最适宜养肝血，应该入静睡觉。

如果中午没有条件小睡片刻，那就尽量闭目休息一会。子时最黑暗，但光明开始萌发，这叫一阳初生；午时最光明，但黑暗悄悄来临，这叫一阴初生。子时和午时都是阴阳转换的时刻，人体要顺应大自然的这种转变，应当入静休息，使人天相应。当然中午的休息时间不一定要严格限定在十一点到一点，关键是要力所能及的休息一会儿。

我们常说“闭目养神”，其实应该叫作“闭目养魂”。人体接受外界的信息主要是通过眼睛，眼睛接受的信息量大约占总信息量的80%，这些纷纷扰扰的信息总会引起人的情感、情绪上的波动，让人“魂不守舍”，心神不能宁静专一，消耗大量的能量在一些没意义的事情上，比如阅读朋友圈滥发的心灵鸡汤、养生秘笈、宫廷秘闻等。

在练习八段锦的时候，一般说来，没有特殊要求的时候，眼睛看鼻尖就可以了。南宋儒学大师朱熹《调息箴》说：鼻端有白，我其观之。佛、道、儒三家都提倡“观鼻端”，就是要求把人的心神收摄住，不要东张西望，不要胡思乱想。

八、背后七颠百病消

『提踵』可以锻炼下肢肌肉力量，增强人体的平衡功能，促进神经系统功能的正常发挥。『颠足』起到放松全身肌肉、震荡脊柱的作用。

1.“提踵颠足”可以保健心脏和脊柱

脚离心脏最远，离心脏越远的部位越早开始衰老，所以人们常说“人老先从腿上老”，更准确地说应该是“人老先从脚上老”，所以要注意多进行脚部的运动。提踵落地的动作虽然简单，但是脚踝、脚趾、脚底等部位都要参与运动，讲究松紧结合、舒缓有力，可以有效促进肢体最远端末梢的血液循环，还可以起到震荡、保健脊柱的作用。

做“提踵落地”时，首先接“攒拳怒目增气力”的最后一个动作，移重心至右脚，屈膝并步，然后手臂下落、两腿伸直。(图 8–1 ~ 图 8–3)

图 8–1

图 8–2

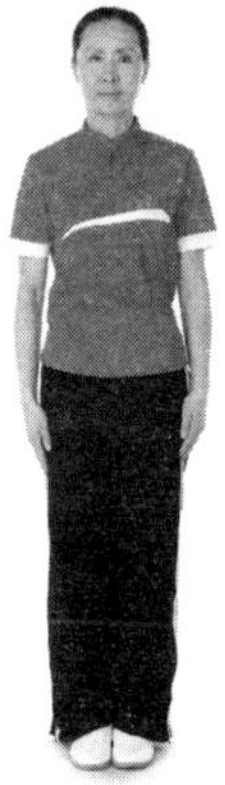

图 8–3

向上提起的时候，要感觉到不是脚后跟向上提，而是头顶向上提，头顶用力把全身缓慢地向上提起来，与脚趾向下抓地形成对拉的力，成反方向运动。头顶、双肩、脊柱、臀部、双腿、双脚，全身慢慢提起，头顶向上、脚趾向下，把整条脊柱充分拉长。（图 8–4、图 8–5）

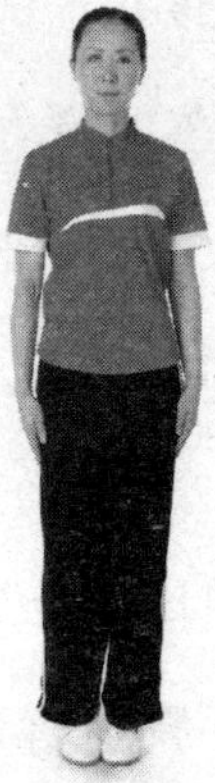
图 8–4

图 8–5

再慢慢下落，要有一种身体往下落但小腿后侧肌肉收紧阻止下落的感觉，大约落至一半的距离。（图 8–6、图 8–7）

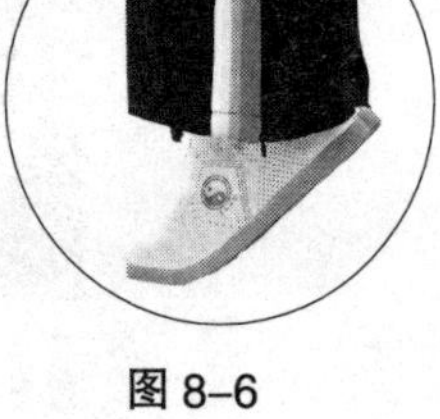
图 8–6

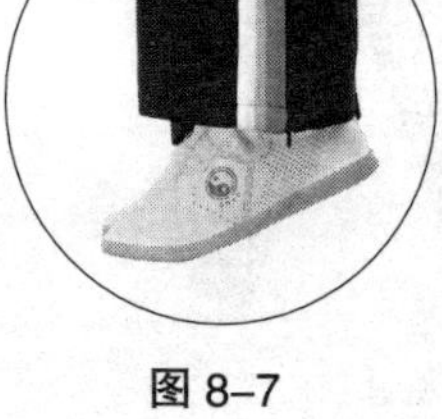
图 8–7

然后全身放松，脚后跟自由下落到地面上，让整条脊柱震荡一下，起到放松按摩脊柱的作用。（图 8–8、图 8–9）

图 8–8

图 8–9

扫码观看“背后七颠百病消”动作视频

2.“叩齿”可以健脑固肾

颠足时，在脚后跟落地的一瞬间，牙齿要轻叩，这叫叩齿。

叩齿是中国传统的养生保健方法，就是上下牙齿相互有节律地叩击，发出铿锵声响。叩齿简便易行，不受条件限制，随时随地都可进行。道教认为，叩齿可以“集神”，对于叩齿方法颇有讲究，如上下门齿相叩，叫“鸣法鼓”；左半侧臼齿相叩，叫“鸣天钟”；右半侧臼齿相叩，叫“击天磬”。当然，在一般情况下，不必如此严格要求，左右臼齿连同门齿一起叩击即可，不拘次数。

现代医学研究表明，叩齿可以产生一种生理上的良性刺激，促进牙周组织的血液循环，保持牙齿稳固，增强对龋齿的抵抗力，可用于防治牙痛、牙周炎、牙齿松动及脱落等。叩齿还有调节心脑血流量的作用，使心脏排血量增加，脑血流量可增加14%左右，不仅有利于健齿，亦有利于预防心脑血管疾病。故牙齿坚固的老人，很少患有心脑血管的病变。叩齿保健还能刺激上下颌骨发育，预防儿童牙齿畸形；刺激大脑皮质，预防老年痴呆等。

中医认为，牙齿与肾脏关系密切。“肾主骨，齿为骨之余”，意即肾脏能支持骨骼生长和骨髓的生成。牙齿是人体骨骼的一部分，牙齿松动与肾气虚衰及气血不足有关。常叩牙齿能强肾固精、平衡阴阳、疏通气血、畅通经络，从而增强机体的健康。

本动作中的叩齿，除了有健脑固肾的作用外，还有“避震”的作用，在脚后跟落地时，震动会沿着后背一直向上传递到头部，但是通过叩齿，让震动在口腔里就结束了，防止震荡到头部。

3. 提踵可以瘦小腿

提踵，就是抬起脚后跟，最直接的效果是可以锻炼脚掌、脚踝和小腿。

我们俗称的“小腿肚子”学名叫作“腓肠肌”，提踵就是靠腓肠肌的收缩来完成的。提起脚后跟时，应该感到小腿肚子充分收缩，稍停顿后再缓慢下落至最低限度，使小腿肌肉得到充分的伸展。通过这种练习可以增强小腿腓肠肌的力量及脚踝的力量。这个动作适合各个年龄段的人群，练习次数可以根据每个人的时间、体质、要求而定。

女性都希望自己有修长的双腿，那前提就是小腿不能太粗壮，所以很多女性头疼小腿太粗的问题，怎样瘦小腿呢？慢慢提踵再慢慢下落的练习就是一个很好的选择，在练习的时候，两个膝盖要夹紧，好像两个膝盖中间夹着一张白纸，用力夹紧不要让白纸掉下来。在保持夹紧的情况下，慢慢提踵、慢慢下落，让小腿后面的肌肉充分伸展。

建议把这个练习和慢跑、健身、游泳等运动结合起来，在运动前或运动后专门练习 10 分钟左右的“提踵”，坚持下来就可以起到瘦小腿的作用。

4. 提踵颠足刺激足部反射区，锻炼脏腑

提踵还要配合呼吸。结合呼吸“提踵”“落踵”，即吸气时慢慢提脚后跟，一直到气吸完为止，稍停，停顿时屏气，不呼不吸，然后呼气时慢慢把脚跟落下。

还有一种方法，提踵时五个脚趾抓地，两腿并拢，提肛收腹，肩向下沉，立项竖脊，百会上领；向下落时身体放松，缓缓下落到快接近地面，然后全身完全放松，让脚后跟自由落体，轻轻落到地面上，起到震动身体的作用。落地的瞬间，口腔里的牙齿轻轻叩一下，起到减震的作用。

从足部生理来看，脚承担着全身的重量，是全身运动的落脚点，离心脏最远。脚有数千万个神经末梢、26 块骨头、33 个关节、50 条韧带、50 万条血管、4 万多个汗腺，通过提踵、落踵的运动，可以直接刺激神经、关节、韧带运动，能够起到恢复血管机能，加速全身血液循环，促进新陈代谢的作用。

有的科学家把脚称为人体的“第二心脏”，就是因为脚上有无数的神经末梢与脑相连，是人体保健的特区，充分开发这一特区，对预防某些疾病有一定的益处。

从中医经络学来看，足三阳经络和足三阴经络共有 6 条经络

起自于脚。这 6 条经络里共有几百个穴位。结合呼吸的提踵、落踵可以直接刺激足三阳、足三阴经络及其各穴位，起到防病治病作用。

从足部反射区刺激作用来看，左右脚底的反射范围各有 35 个、脚外踝 22 个、内踝 16 个，每只脚共有 73 个反射点。可以说，脚是集合了身体所有器官的反射区，通过提踵、落踵可以刺激到足部各个反射区和反射点，起到对全身器官的刺激作用。

5. 提踵颠足可以缓解脚后跟痛

隋代著名的医学家巢元方记载过一种叫作“脚根颓”的病，用我们现在的话讲，就是“脚后跟痛”，金元四大家之一的大医学家朱丹溪在《丹溪心法》中称之为“足跟痛”。

脚后跟痛多见于中老年人，中医认为，肝主筋、主藏血，肾主骨、主藏精、精生髓。中老年人容易肝肾不足，精血亏虚，经脉就不充盈，这叫做“筋失所养、骨失所主、骨萎筋弛”，所以站立或行走时脚后跟容易感到酸痛、隐痛、乏力，但按摩以后不舒服的感觉会得到减轻。

提踵落地这个动作，要求脚趾要抓地，同时脚踝要一屈一伸、一展一收，体现了“肝主筋”的功能特点，“筋”在这里指的就是脚踝和脚趾的运动。

脚后跟痛在中医学中属于“骨痹”的范畴，肾主骨，肾气虚，骨头就容易出现各种各样的问题，脚后跟痛大多属于跟骨骨刺或骨质增生，也是与肾气不足有关。提踵的时候，全身向上收紧，会阴穴也要向上提起，两臀夹紧，可以起到保健前列腺和固肾的作用。有一种保健前列腺的做法，要求男子小便时，提起脚后跟，可以强肾固肾。

6.“七颠”真能消除百病吗

为什么要做七次呢？难道做够七次就能起到“百病消”的作用？

当然不是“七次”就能“百病消”，七次在这里有两层含义，一是数字的虚指，要求多练习；二是文化上的含义，指的是功法练习到此结束，结束又意味着开始，新的循环即将展开。

《易经》上提到过一本书，叫《洛书》，《洛书》上面没有文字，只是一些数字的排列，这些数字排列具有一定的规律，用口诀表示如下：左三右七，戴九履一，二四为肩，六八为足，五占中宫。

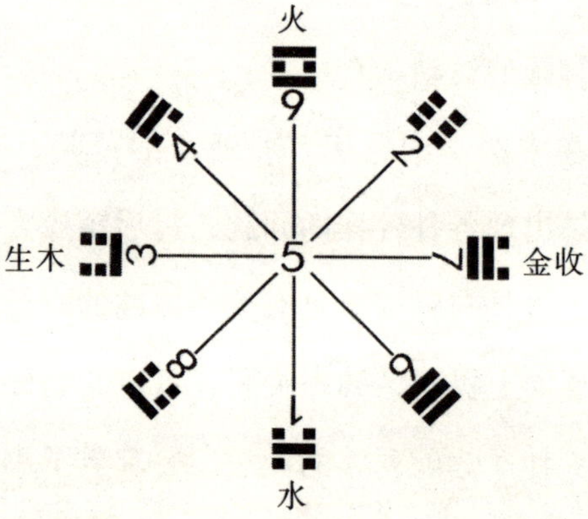

左边是三，三属木，木主生发，所以三代表着“生”，《易经》上说“三生万物”就是这个道理，因为左边代表生发、开始，所以我们练功的时候都是“左脚开步”，象征着练功的开始。

右边是七，七属金，金主收敛、结束，所以俗话说“鸣金收兵”。七这个数字代表着结束，颠足七次，意思是练功到此结束。

《易经》上说：反复其道，七日来复。颠足七次也代表着一套练习结束，另一个循环马上开始的意思。告诉大家，锻炼要持之以恒，长此以往才会有所收获。

后 记

人人都想追求健康长寿，现代人是这样，古代人也是如此。而且在古代，医疗条件比不上现代，再加上战争和自然灾害的影响，导致古代人普遍寿命更短，就更迫切希望能够健康长寿。

在儒家文化的经典著作《尚书》中，提到了一个“五福”的概念，这个“五福”就是当时的人们在物质条件还比较有限的条件下所追求的“五种福报”，分别是：寿、富、康宁、好德、终命。也就是后世经常提到的“五福临门”的出处。这“五福”中，直接和健康长寿相关的就有三个：寿、康宁、终命。

《黄帝内经》是我国医书之祖，它里面提到了四种治病的方法：导引、按跷、砭石、汤药。现代的人们对于开方子、熬中药和针灸按摩比较熟悉，却忽略了“导引”也是中医治病的一大法宝。

战国时期有个名人叫吕不韦，招揽了很多文人搜集史料进行写作，最后写成了一部《吕氏春秋》。《吕氏春秋》里提到，远古时候，洪水泛滥，湿气很重，百姓身体受到损害，很多人得了关节炎。于是，大家就用“跳舞”的办法来治病。“跳舞”是一种身体活动，也是“导引”的前身。

《黄帝内经》中也提到，在远古时候，百姓生活的地方平坦而且潮湿，人们不经常劳动，食量大而且花样多，所以容易得“痿厥寒热”之病，而导引就可以治疗这些病。

唐代的王冰把“导引”解释为：“摇筋骨，动肢节”，认为导引就是肢体筋骨的锻炼。

晋代的李颐把“导引”解释为：“导气令和，引体令柔”，导引就是使气息和顺，肢体柔活。

由此可见，导引就是一种身体锻炼的方法，是中国古代的“体育”。

在这些经验累积的基础上，并随着中医的发展，古人创造出了成套的动作来进行锻炼，也就是产生了套路。这些套路大多简单易行，所以流传的时间和范围都非常广，如八段锦、易筋经、五禽戏等。

八段锦是其中很有代表性的一个套路。“八段锦”这个名字，最早出现在东晋葛洪《神仙传》一书中，说的是古代修道之人已经习惯练习八段锦了。

八段锦在历史上的记载大多与修道有关，如钟离八段锦，收录在《正统道藏·修真十书》中。东晋以后，历朝历代都有对八段锦的记载，而且对八段锦动作的文字描述大同小异，说明八段锦具有一定的社会公信力，得到了大众的认可。

八段锦在古代属于“导引术”。导引并不是随心所欲编出来的动作，导引是与古人对身体、对疾病的认识息息相关的一门学问。

中医认为“上工治未病”，也就是说最高明的医生在一个人还没有得病的时候，就要把他得病的隐患消除掉。从这个角度来讲，导引起到了预防医学的作用，是指通过身体锻炼以达到强身健体、预防疾病的目的。

我们国家现在大力提倡“全民健身”，其实古已有之。历史彷佛一个轮回，转了很多年，又要重新再来过。“导引”对丰富“全民健身”的内容和形式，都将会产生积极的作用。

为顺应时代需求，遂发心编写一套“导引治未病丛书”。在人民体育出版社编辑李彩玲女士的精心策划和鼎力支持下，秉承大道至简的原则，将多年所研究与实践的中医传统导引术简单化并生活化，以适合大众阅读和习练。本套丛书共六册，分别是《八段锦养生智慧》《二十四节气导引》《呼吸的养生智慧》《五禽戏养生智慧》《易筋经养生智慧》《禅·瑜伽·太极拳》，融汇“儒释道医武”养生精髓，弘扬中国传统文化精义。

《八段锦养生智慧》只有八个动作，简单易学，但是这八个动作里面蕴含的道理非常深刻，如果既能明其理，又能行其道，那对健身养生的帮助可就太大了。

希望大家能够轻松、快乐地学习八段锦，并有所得。